인공지능의 미래
사람이 답이다

인공지능의 미래
사람이 답이다

펴낸날 2017년 11월 24일 1판 1쇄

지은이 선태유
펴낸이 강유균
교정·교열 이교숙 김아름 이안순
디자인 플러스
마케팅 PAGE ONE 강용구
홍보 김범식

펴낸곳 리드리드출판(주)
출판등록 1978년 5월 15일(제 13-19호)
주소 경기도 고양시 일산서구 고양대로632번길 60, 405호(일산동, 대우이안)
전화 (02)719-1424
팩스 (02)719-1404
이메일 gangibook@naver.com
홈페이지 www.readlead.kr

ISBN 978-89-7277-316-0 03320

*잘못된 책은 바꾸어 드립니다.
*책값은 뒤표지에 있습니다.

이 도서의 국립중앙도서관 출판예정도서목록(CIP)은 서지정보유통지원시스템 홈페이지(http://seoji.nl.go.kr)와 국가자료공동목록시스템(http://www.nl.go.kr/kolisnet)에서 이용하실 수 있습니다.(CIP제어번호: CIP2017027349)

인 간 은 할 수 있 지 만 인 공 지 능 은 할 수 없 는 것

ARTIFICIAL INTELLIGENCE

VS

HUMAN INTELLIGENCE

인공지능의 미래 사람이 답이다

선태유 지음

리드리드출판

추 천 의 글

인공지능의 미래, 사람을 알지 못하면 답이 없다

4차 산업혁명시대가 예고도 없이 찾아왔다. 누구도 명쾌한 답을 제시하지는 못하지만 멀지 않은 미래에 급격한 사회 변화를 초래할 것이라는 생각에는 우리 모두가 대체로 동의한다. 사람들은 이 시대를 대표하는 인공지능이 인간에게 가장 두려운 존재라고 말한다. 인공지능이 인간이 하던 일을 대체하면 할수록 인간이 느끼는 두려움 더 커질 수밖에 없다. 그렇다고 해서 시대의 흐름을 거스를 수는 없는 일이다. 이것은 우리가 지난 18세기 1차 산업혁명시대를 통해 배운 교훈이다. 당시에 기계로 인해 일자리를 잃은 사람들이 '기계 파괴 운동'인 '러다이트 운동'을 전개했지만 실패로 끝이 났다. 이 '러다이트 운동'을 통해 우리는 "시대의 흐름에 맞추어 살아가야 한다"는 교훈을 얻었다.

이러한 것은 4차 산업혁명시대에도 마찬가지다. 인간은 이 시대의 흐름을 읽고, 이에 맞춰서 살아가야 한다. 아무 생각 없이 살다가는 우리의 일자리를 인공지능에게 그대로 빼앗길지도 모른다. 인간이 살아남기 위해서는 "인간만이 할 수 있는 일을 극대화시켜야 한다"는 것을 우리는 역사를 통해 배웠다. 이 책에서는 '신석기혁명'과 '1차 산업혁명'이라는 역사를 통해 인간이 위기를 극복한 것을 잘 말해주고 있다. 초기 인류가 다른 동물들로부터 생존의 위협을 느꼈을 때 불과 도구를 사용해서 벗어났고, 1차 산업혁명시대에 기계에게 일자리를 빼앗겼을 때는 교육, 복지, 서비스 산업을 극대화시켜 위기를 극복했다.

지금 우리는 4차 산업혁명시대의 중심에 들어와 있다. 이 책은 4차 산업혁명시대가 주는 불안감에 휩싸인 사람들에게, 이 시대를 살아갈 필요한 핵심 키워드와 살아갈 길을 제시하고 있다. 인공지능, 빅데이터, 사물인터넷, 가상현실 등과 같은 정보통신 기술들은 무서운 속도로 우리에게 다가오고, 이런 낯선 개념과 용어, 여기에 당장이라도 4차 산업혁명이 현실처럼 될 것 같은 일부 호들갑스런 반응들에 당황하고 혼란스러워하는 사람들이 많다. 그렇다면 이러한 새로운 기술의 가능성을 최대한 활용하고, 그 기술로 발생될 수 있는 위험을 방지할 수 있는 미래를 만들어 나가려면 우리는 어떻게 대비해야 할까?

저자는 그 해결책으로 인공지능은 하지 못하는 '끊임없이 사고하고 질문하는 것'이라는 핵심 키워드를 제시하고 있다. 이 책은 그동안 우리가 가졌던 4차 산업혁명시대에 대한 막연한 두려움에서 벗어나 미래 인공지능시대를 이끌고 주도하는 리더가 될 수 있도록 도움을 줄 것이다.

나도 이 책에서 저자가 말하고자 하는 '끊임없이 사고하고 질문하는 것'이 인공지능시대를 살아갈 우리에게 필요한 요소라는 것에 공감한다. 인간이 지금처럼 발달된 문명을 이룩할 수 있었던 것도 '끊임없이 사고하고 질문하는 것'이 있었기에 가능했다. 인간만이 할 수 있는 일은 생각하는 것, 그 중에서도 데이터화와 수치화할 수 없는 자료에서 의미를 찾아내는 것이다. 저자는 컴퓨터과학을 전공한 사람답게 왜 인간만이 할 수 있는지 이 책을 통해 자세하고 쉽게 설명하고 있다. 나 역시 저자의 설명을 통해 인공지능의 미래사회에 대해 쉽게 이해할 수 있었다.

저자의 풍부한 경험과 다양하고 폭넓은 지식을 바탕으로 집필된 이 책을 통해 다가올 미래사회의 직업과 일자리, 4차 산업혁명과 인문학의 관계, 미래를 준비하기 위한 자세와 역사적 배경에 대한 혜안을 얻을 수 있길 기대해 본다.

미라클팩토리 대표, 『기억독서법』저자

기성준

차례

contents

3장. 인공지능의 미래, 인간만의 특성을 살려라

4장. 미래세대 인간에게 필요한 것

5장. 인공지능시대, 어떻게 살 것인가

에필로그

프 롤 로 그

인공지능의 미래, 문제는 두려움이다

2016년 3월, 인류는 사상 유례가 없는 큰 충격을 받았다. 기계와 인간과의 역사적인 바둑 대결에서 이세돌 9단이 구글 딥 마인드사의 인공지능 바둑 프로그램 '알파고'와 5번 대국해서 1승 4패로 완패한 것이다. 그동안 바둑은 인공지능이 정복했던 체스나 퀴즈와는 비교할 수 없을 정도로 경우의 수가 훨씬 많고, 앞으로 펼쳐질 상황을 예측할 수 없다는 점에서 인공지능이 바둑을 정복하기에는 아직은 '시기상조'라는 의견이 지배적이었다. 이런 상황에서 알파고의 완승은 큰 충격이 아닐 수 없었다.

이후 여러 언론 매체에서는 인공지능이 '인간의 비서' 정도 역할을 해줄 거라며 긍정적인 면을 부각했던 것과는 달리 "이러다가는 SF영화에서처럼 인공지능이 인류를 지배할 날이 멀지 않았다"라는 부정적인 견해를 쏟아내기 시작했다. 많은 일을 기계가 대신한다면 인간이 할 수 있는 일자리가 줄어들게 되어 가뜩이나 현재 일자리가 줄어 실업자가 늘어나는 시기와 맞물려 인간의 생존 자체가 위협을 받을 것이라는 이야기도 했다.

최근 인공지능의 위험성을 부각한 언론의 보도는 막연한 미래에 대한 두려움을 갖게 한다. 불안한 미래가 더욱더 불안해지는 것은 당연할 수밖에 없다. 대학에서 컴퓨터과학을 전공하고 인공지능에 대해서 배웠던 필자도 두려움이 큰데, 일반사람들이 느끼는 두려움은 더욱 클 것이라 생각된다.

그렇다면 이 두려움을 없앨 수 있는 방법은 무엇일까? 두려움은 모든 인간이 느끼는 것으로, 두려움 그 자체를 없앨 수 있는 것은 아니다. 다만 극복할 수 있을 뿐이다. 아이러니하게도 인간은 두려움 때문에 진화해왔고, 진화를 통해 지구상의 다른 생물체와는 다른 독특한 길을 걸을 수 있었다.

오스트랄로피테쿠스로 대표되는 초창기 인류는 지구상의 동물 중에서 가장 약한 존재였다. 다른 동물을 잡아먹는 육식을 하기에는 먹이를 사냥하는 데 힘과 스피드에서 뛰어나지 못했고, 초식동물인 코끼리나 코뿔소처럼 덩치로 육식동물을 압도하는 것도 아니었다. 이 때문에 초창기 인간은 육식동물의 가장 손쉬운 먹잇감이 될 수밖에 없었다. 이는 원시 인류의 두개골 화석에서 볼 수 있는 육식동물의 송곳니에 뚫린 자국을 통해 알 수 있다.

이처럼 약했던 인간이 어느 순간 자신들을 먹잇감으로 생각하던 육식동물들이 두려워하는 존재가 되었다. 인간이 먹이사슬의 가장 윗자리를 차지하게 된 것이다. 인간이 가장 약한 존재에서 가장 강한 존재로 변하게 된 데는 불과 도구를 사용했기 때문이다. 불과 도구는 인간이 스스로를 지키기 위한 방법으로 사용되었다. 인간은 불이 있는 곳에 다른 동물들이 접근할 수 없다는 것을 알았고, 도구를 사용함으로써 동물들과 직접 부딪치지 않아도 되는 유리한 상황에서 다른 동물들과 맞설 수 있었다. 그리고 도구를 가지고 인간보다 큰 동물을 사냥하면서 가장 강한 존재로 진화했다. 이러한 인간의 진화는 '두려움'이 있었기에 가능했다. 인간은 육식동물의 공격에 대한 두려움 때문에 스스로를 지키는 방법을 생각해냈고, 그것이 도구의 발달로 나타났다. 인간은 도구를 사용하고 발달시키면서 독특한 문화와 문명을 만들었고, 그것이 오늘날까지 전해 내려져 오고 있는 것이다. 만약 인간에게 '두려움'이 없었다면 어떻게 되었을까? 도구를 사용하지도 않았을 것이고, 오늘날과 같은 독특한 문화와 문명을 만들지도 못했을 것이다. 인간은 '두려움'이라는 것을 없애지 않고 오히려 그것을 긍정적으로 이용했기에 진화할 수 있었다.

오랜 시간 진화를 통해 '육식동물의 공격에 의한 생존의 위협'이라는 두려움을 극복한 인간에게, 지금 또 하나의 두려움이 다가오고 있다. 그것은 '인공지능'의 발달로 초래될 미래에 대한 두려움이다. 이세돌 9단이 알파고와의 대결에서 패하면서 인간이 느꼈던 '두려움'은 이전과 비교할 수 없을 정도로 커졌다. 실제 생활 속에서 그동안 인간이 하던 일을 인공지능으로 대체되는 것을 지켜보면서 인간은 생존에 대한 두려움을 많이 느끼고 있다.

인공지능과 더불어 사는 것은 시대의 흐름이고, 시대의 흐름을 되돌릴 수 없다는 것을 우리는 역사를 통해 배웠다. 그렇다고 해서 마냥 두려움만 느끼면서 현실을 도피할 수는 없다. 원시 인류가 불과 도구를 사용해서 '두려움'을 극복했듯이 우리도 두려움을 극복해야 한다. 두려움을 극복하려면 인공지능이 할 수 없는, 인간만이 할 수 있는 분야를 특화시켜야 한다. 인공지능이 할 수 없는 분야는 정보를 데이터화해서 수치화할 수 없는 분야일 것이다. 인공지능은 데이터화된 자료에서 의미를 찾아내는 게 인간보다 뛰어나다. 데이터화할 수 없는 분야는 인공지능에게 의미 없는 자료일 뿐이고 의미를 찾아내지 못한다. 반면에 인간은 데이터화할 수 없는 자료에서도 의미를 찾아낼 수 있다. 바로 이런 분야를 인간이 특화시켜야 한다.

인간만이 할 수 있는 데이터화할 수 없는 분야는 정해진 답이 존재하지 않는 분야이다. 정해진 답이 존재하지 않으므로 이 자료를 토대로 평균값, 오차 등으로 통계화할 수 없다. 이런 자료는 컴퓨터에 입력할 수는 있지만, 컴퓨터가 응용할 수는 없다. 데이터화할 수 없는 자료를 응용하기 위해서는 끊임없이 사고하고 질문해야 한다. 인간은 끊임없이 사고하고 질문하는 과정을 통해 새로운 것을 창조해왔다. 라이트형제가 "어떻게 하면 하늘을 날 수가 있을까?"라는 명제에 대해 끊임없이 생각하고 질문한 끝에 비행기를 발명할 수 있었다. 이와 마찬가지로 에디슨의 수많은 발명품도 이러한 과정을 통해 탄생했다.

인공지능과 더불어 미래를 살아가기 위해서는 끊임없이 사고하고 질문하면서 자신만의 답을 찾아야 한다. 이런 질문은 데이터화와 수치화할 수 없기 때문에 인공지능은 할 수 없는 분야이다. 나는 독자들이 이 책을 통해 인공지능으로 인한 두려움으로부터 자유로워지고 인간만이 할 수 있는 일을 찾아낼 것이라 기대해 본다.

선태유

1장

알파고, 불가능의 세계를 정복하다

THE FUTURE OF
ARTIFICIAL INTELLIGENCE,
MAN IS THE ANSWER

이세돌이 진 것이지 인간이 진 것이 아니다.

이세돌

인간처럼 사고하고 행동하는 기계가 인간을 지배하는 세상은 얼마 전까지만 해도 SF(공상과학)영화에서나 보는 것이라 생각했다. 피부에 와 닿지 않는 그저 먼 미래의 이야기로만 치부되었다. 하지만 2016년 세계 최고의 바둑 고수로 불리던 이세돌 9단이 구글 딥 마인드의 '알파고'에게 1승 4패로 완패를 당하면서 인식이 바뀌게 되었다. 이 세기의 대결 이후 인공지능이 인간을 지배하는 세상이 더는 영화 속의 이야기나 먼 미래의 이야기가 아니라 현실과 가까워졌음을 느끼는 계기가 되었다. 이것이 이른바 4차 산업혁명의 시작이다.

사실 인간과 기계의 대결은 이세돌 9단과 알파고 간의 대결이 처음이 아니다. 그 전에도 인간과 기계의 대결이 있었다. 그 시작이 체스와 퀴즈 대결이었는데 당시에도 인간이 완패했다. 하지만 그 충격의 정도는 이번 알파고와의 대결에 비하면 미풍에 불과했다. 그도 그럴 것이 체스의 경우는 각각의 말들이 가는 길이 정해져 있고 경우의 수가 적다. 퀴즈도 모든 퀴즈문제를 컴퓨터의 데이터베이스(Data Base, DB)에 저장해서 빅데이터를 구축할 수 있었다.

반면 바둑은 체스처럼 말을 움직이는 것이 아니라 바둑돌을 바둑판에 놓아서 승부를 낸다. 또 다른 특징은 체스처럼 말이 가는 길이 정해져 있는 것이 아니기 때문에 그 수를 예측하기 힘들다. 이는 바둑의 경우의 수가 10의 170제곱 분의 1이라는 것만 봐도 알 수 있다. 이 수치는 얼핏 봐서는 감이 오지 않겠지만, 무한대라고 해도 과언이 아니다. 영화 '이미테이션 게임'에 나왔던 2차 세계대전 당시 나치가 사용했던 암호 체계인 '에니그마'의 경우의 수가 1해 분의 1이다. 1해는 10의 20제곱이다. 10의 20제곱은 인간이 24시간 동안 꼬박 경우의 수를 계산한다고 가정할 때 그것을 풀기까지 2,000년의 시간이 걸린다. 이처럼 10의 20제곱도 매우 큰 수인데, 거기에 0이 150개나 더 붙는 숫자라면 말할 필요가 없는 것이다. 이런 10의 170제곱이라면 컴퓨터도 단

시간에, 그것도 제한 시간이 1시간뿐인 바둑에서 풀 수 있는 것이 아니라고 생각했다. 그러나 이것은 오산이었다. 컴퓨터 기술이 발달하면서, 여러 대의 컴퓨터를 연결해서 사용하는 것이 가능해지면서 풀 수 있게 된 것이다. 실제로 알파고는 1,200여 대의 슈퍼컴퓨터를 연결해서 계산했다.

1,200여 대의 슈퍼컴퓨터의 DB에는 인류가 기록한 이래 펼쳐졌던 모든 바둑 대국의 정보가 저장되어 있었다. 한마디로 바둑에 대한 '빅데이터'가 알파고의 DB에 있었던 것이다. 결국, 이런 것이 경우의 수 10의 170제곱 분의 1이라는 거의 불가능에 가까운 확률을 무의미하게 만들었고 결과적으로 결코 정복하지 못하리라 생각했던 바둑마저 정복하게 된 것이다.

이처럼 이세돌과 알파고의 대결에서 보인 10의 170제곱이라는 어마어마한 수가 무너지면서 인류는 그동안 영화에서나 보았던 인공지능 기계가 인간을 지배하는 세상이 곧 올 것이라는 불안감을 피부로 느끼기 시작했고, 또 그 충격이 뇌리에 깊숙이 박히게 된 것이다.

'빅데이터' 구축과 '병렬 컴퓨팅' 기술의 발달

The future of

artificial intelligence,

man is the answer

알파고는 이전에 다른 컴퓨터들이 보여주었던 인공지능의 능력을 훨씬 뛰어넘었다. 그리고 그동안 불가능이라 여겨졌던 바둑의 영역에서 인간에게 완승을 거두었다는 점에서 현재를 살아가는 인류에게 충격을 안겨주었다. 더불어 인류에게 인공지능시대에 대한 두려움을 안겨주었다. 그렇다면 알파고의 승리가 왜 인류에게는 충격이고, 승리한 원동력은 무엇일까?

알파고가 인류에게 준 충격 : 경우의 수 10의 170제곱

10의 170제곱은 말로만 하면 와 닿지 않는 숫자이다. 우리가 일상생활에 접할 수 있는 1억은 10의 8제곱이고, 1조는 10의 12제곱, 1경은 10의 16제곱, 1해는 10의 20제곱이다. 이처럼 우리가 일상생활에서 '크다고 느끼는' 숫자도 10의 170제곱에는 한참 미치지 못하는 작은 숫자에 불과하다. 이런 면에서 10의 170제곱은 무한대에 가까운 숫자라고 해도 과언이 아니다. 이 무한대에 가까운 10의 170제곱이 우리가 바둑에서 볼 수 있는 모든 경우의 수를 나타낸다.

바둑은 모든 경우의 수를 제한시간 안에 계산해서 대국에 최적화된 것을 찾는 두뇌게임이다. 그렇기 때문에 바둑은 '인공지능'이라는 말이 대중적으로 나온 이래로 기계가 사람을 이기지 못할 대표적인 분야로 꼽아왔다. 바둑 이전에 기계가 사람을 이겼던 체스와 퀴즈를 비교해도 알 수 있다.

퀴즈는 이미 출제된 문제를 바탕으로 출제가 되기 때문에 문제가 나오면 빅데이터를 이용해 저장된 문제와 답을 찾아내는데 시간이 얼마 걸리지 않는다. 체스의 경우도 판에 있는 말을 움직여 킹을 잡으면 이기는 게임이다. 체스는 말이 움직일 수 있는 길이 정해져 있어 얼마든지 다음 수가 예측이 가능해 경우의 수를 좁힐 수 있다. 반면 바둑은 점에 놓고 집의 차이에 따라 승부를 가리는 방식이다. 바둑은 체스처럼 말이 움직이는 길이 없기 때문에 예측하기가 어렵고 경우의 수가 많은 것이다.

이 때문에 지난 2015년 프로 바둑기사를 처음으로 이겼던(당시 알파고와 대결했던 프로 바둑기사는 판 후이 2단이다) 알파고가 이세돌 9단에게 도전했을 때 언론으로부터 '세기의 대결', '인류의 자존심이 걸린 대결'이라는 말을 들으며 많은 사람이 관심을 보였다. 관심은 "과연 알파고가 이세돌을 넘어설 것인가?"였다.

대결이 벌어지기 전에는 현역 프로 바둑기사들을 포함한 대부분의 사람이 이세돌 9단이 쉽게 이길 것으로 예상했다. 컴퓨터과학을 전공하고 인공지능을 공부했던 나도 이세돌 9단이 당연히 이길 것이라 생각했다. 하지만 막상 뚜껑을 열고 보니 이세돌 9단이 4국 한 판만 이겼을 뿐 나머지 1, 2, 3, 5국을 알파고가 이기며 충격을 안겨주었다.

무한대에 가까운 경우의 수인 10의 170제곱 분의 1이 한 번에 무너진 것이다. 그동안 아무리 빠른 슈퍼컴퓨터라고 해도 짧은 시간 안에 10의 170제곱이나 되는 경우의 수를 계산해 최적화된 수를 반복해서 찾는 것은 어렵다고 생각했다. 하지만 이것은 '빅데이터'의 구축과 '병렬 컴퓨팅'이라는 기술의 발달 앞에서 무용지물이 되고 말았다. 실제 이세돌과의 대국 전 알파고의 데이터베이스에는 그동안 인류가 두었던 모든 바둑 대국이 저장되어 있었다. 이를 1,200대나 되는 컴퓨터가 병렬로 연결해 돌아가면서 단시간에 최적화된 것을 찾았고, 이 때문에 10의 170제곱 분의

1이라는 무한대에 가까운 경우의 수가 무력화된 것이다.

알파고가 인간을 이긴 원동력 : '빅데이터'와 '병렬 컴퓨팅'

인간과 컴퓨터의 차이점은 무엇일까? 인간은 아무 배경 지식이 없는 상태에서 일을 시작할 수 있고, 스스로 학습해서 경험을 쌓는 게 가능하다. 하지만 컴퓨터는 기억장치 안에 데이터가 없으면 아무 일도 시작할 수 없고, 스스로 학습해 가며 경험을 쌓는 것이 불가능하다. 따라서 알파고는 기억장치 안에 데이터가 없으면 아무것도 할 수 없다. 우리가 사용하는 컴퓨터에는 윈도우 같은 운영체제가 깔려 있지 않으면 그것을 기반으로 설치할 수 있는 응용프로그램을 설치할 수 없고, 이런 상태의 컴퓨터는 아무것도 할 수 없는 상태가 된다. 다른 말로 하면 컴퓨터 안에 운영체제가 깔렸다는 것은 기억장치 안에 운영체제에 대한 데이터가 있다는 것이다.

컴퓨터가 나온 초기에는 제로베이스에서 일할 수 있는 인간이 기계와의 대결에서 우위를 점할 수 있었다. 하지만 데이터가 쌓이면 쌓일수록 망각하는 사람에 비해 망각하지 않는 기계가 대결에서 우위를 점할 수밖에 없다. 물론 여기에는 컴퓨터 기술의 비약적인 발달이 결정적으로 작용했다.

알파고와 이세돌 9단의 바둑 대결만 봐도 알 수 있다. 이세돌

9단이 아무리 많은 대국을 했더라도 모든 대국의 모든 수를 전부 기억하지는 못한다. 설령 기억하더라도 시간이 지나면 머릿속에서 지워지게 마련이다. 물론 특별한 경우에는 계속해서 기억할 수 있겠지만, 대부분은 기억에서 지워져 다시 불러올 수 없다. 반면 알파고는 모든 대국의 모든 수를 전부 기억할 수 있고 필요하다면 다시 불러올 수도 있다. 다시 말해 이세돌에게는 빅데이터가 없고 알파고에는 빅데이터가 있는 것이다. 이런 차이가 '세기의 대결'에서 알파고의 일방적인 승리를 만들었다.

그렇다면 빅데이터만 있으면 컴퓨터가 사람을 이길 수 있을까? 분명히 많은 데이터를 저장해 두고 그것을 모두 기억한다면, 언제든지 그 데이터를 불러올 수 있기 때문에 사람과의 대결에서 분명 유리하다. 하지만 이는 필요조건이지 필요충분조건은 아니다. 컴퓨터가 인간과의 대결에서 승리하게 만드는 것에는 빅데이터와 함께 병렬 컴퓨팅이 있어야 한다. 컴퓨터를 연결해서 작업을 하는 방식에는 직렬 방식과 병렬 방식이 있다.

직렬 방식은 여러 대의 컴퓨터가 일렬로 연결되어 작업하는 것을 말한다. 쉽게 말한다면 기차를 떠올리면 된다. 기차는 한 편성에 여러 대의 객차가 일렬로 연결되어 있다. 따라서 한 곳에서 원하는 곳으로 가려면 중간의 모든 객차를 거쳐서 가야 한다. 그렇지 않으면 목적지에 도착할 수 없다. 또한 목적지까지 가는 도중에 지나가기 힘들 정도로 장애물이 많으면 우회할 수 있는 방법이 없어서 그만큼 목적지에 도착하는 시간이 느려진다.

이는 영화 '부산행'을 보면 알 수 있다. 주인공이 사랑하는 사람이 있는 객차 칸으로 가기 위해 중간의 객차 칸을 모두 지나야 하는 장면이 나온다. 주인공은 목표로 하는 객차 칸까지 가는 중간에 '좀비'라는 장애물을 만나게 되고, 우회해서 갈 방법이 없기 때문에 장애물을 헤치고 나간다. 그 때문에 목적지까지 도달하는 시간이 오래 걸리게 되는데, 바로 이런 상황을 직렬 방식이라고 생각하면 된다. 만일 알파고가 이처럼 직렬 방식으로 1,200여 대의 컴퓨터가 연결되었다면, 제아무리 많은 데이터가 있다 하더라도 처리하는 시간이 많이 소요되기 때문에 이세돌 9단과의 대결에서 승리하지 못했을 것이다.

이런 직렬 방식의 단점을 보완한 것이 병렬 방식이다. 병렬 방식은 두 개 이상의 기기를 단자가 공통되게 연결해서 작업하는 것이다. 직렬 방식에서는 하나의 작업을 처리하기 위해서는 네트워크상에 연결된 모든 컴퓨터를 거쳐야 하지만, 병렬 방식은 네트워크상에 연결된 컴퓨터를 같은 시간에 동시에 거치는 방식이다. 이렇게 되면 보다 빨리 작업을 처리할 수 있다.

병렬 방식을 일상 상황에서 볼 수 있는 것은 고속도로 톨게이트를 떠올리면 된다. 톨게이트를 지나갈 때는 기차와 달리 원하는 곳으로 가기 위해서 모든 게이트를 거칠 필요가 없고, 여러 대의 자동차가 동시에 톨게이트에 도착해서 요금을 내고 갈 수 있다. 이렇게 되면 직렬 방식보다 효율적으로 운용할 수 있다.

컴퓨터 또한 고속도로 톨게이트처럼 한 네트워크상에서 병렬로 연결되면 공동으로 주어진 데이터를 가지고 각자가 최적화된 것을 찾을 수 있다. 최적화된 값을 최종 출력 단자에 보낼 때도 모든 컴퓨터를 거칠 필요가 없다. 이렇게 되면 컴퓨터가 직렬로 연결되어 있을 때보다 작업 시간이 줄어들게 된다. 알파고도 마찬가지로 병렬연결이 적용되었다. 알파고에는 병렬로 연결된 1,200여 대의 컴퓨터가 있었고, 이것이 최적화된 수를 최종 출력 단자(바둑프로그램의 바둑판)에 빠른 시간 안에 전달해 주었고 이를 바탕으로 승리할 수 있었다.

인공지능의 현재

The future of
artificial intelligence,
man is the answer

'알파고'가 4승 1패로 이기면서 사람들 사이에서는 인공지능 기술이 그동안 놀라울 정도로 빠르게 발전되었다는 것을 새삼 느끼게 되었다. 그리고 인공지능이 대중화됨에 따라 4차 산업혁명시대에 대한 기대감과 두려움도 가지게 되었다.

앞으로 펼쳐질 4차 산업혁명시대에 대한 기대감은 현재와 비교해 우리의 생활이 한층 편리하게 될 것이라는 점이다. 반면 4차 산업혁명시대에 대한 두려움은 인공지능이 인간을 지배할 수도 있다는 점이다. 그렇다면 인공지능의 미래는 어떻게 펼쳐질까?

인공지능의 미래가 어떻게 펼쳐질지는 인공지능의 현재를 살펴봐야 어느 정도 예측이 가능하다. 그렇다면 현재 인공지능의 발전은 어디까지 온 것일까? 현재 우리가 말하는 인공지능은 크게 '강한 인공지능'과 '약한 인공지능'으로 나눠 볼 수 있다.

강한 인공지능

'강한 인공지능'은 우리가 SF영화에서 볼 수 있는 것처럼 인간이 할 수 있는 사고하고 감정을 가지는 기능을 가지고 있는 인공지능이다. 이 인공지능은 인간처럼 학습하고 행동하는 것도 가능해서 우리가 영화에서 볼 수 있는 것처럼 기계가 인간을 지배할 수도 있다. 이런 이유로 '강한 인공지능'을 진정한 의미의 '인공지능'이라고 부르며 이는 초기 인공지능을 정의했던 것에서 그것을 찾아볼 수 있다.

'인공지능'의 개념을 최초로 제안한 사람은 영국의 천재 수학자 앨런 튜링Alan Mathison Turing이다. 튜링은 1943년 '콜로서스'라고 불리는 세계 최초의 전자식 컴퓨터를 만들었다. 이것은 우리가 최초의 컴퓨터라고 알고 있는 미국에서 만든 '에니악'보다 3년 빠른 것이다.

튜링은 1950년 '컴퓨팅 기계와 지능'이라는 논문에서 '튜링 테스트'라는 것을 제시했다. 튜링은 사람과 컴퓨터가 질문하고 그에 대한 답을 들었을 때, 그 답이 컴퓨터가 한 답인지, 사람이 한 답인지 판단하기 어려운 상태를 인공지능이라고 보았다. 물론 판단은 테스트 참가자가 아닌 심판이 한다. 튜링은 이 테스트를 '이미테이션 게임'이라고 불렀다. 이 테스트의 이름인 '이미테이션 게임'은 그의 일대기를 다룬 영화의 제목으로 사용되기도 했다. 실제로 영화 '이미테이션 게임' 속에서도 주인공인 튜링이 동성애 혐의로 경찰 조사를 받을 때, 그를 조사했던 경찰관 녹 형사에게 말하는 장면에서 튜링 테스트에 대해 이야기한다. 하지만 이때까지만 해도 아직 '인공지능Artificial Intelligence'이라는 단어는 사용되지 않았다.

본격적으로 인공지능이라는 말이 처음 등장한 것은 1956년 여름, 미국 동부의 다트머스 대학교에서 개최된 워크숍에서였다. 이 워크숍에서 인간과 같이 생각하는 기계를 처음으로 인공지능이라고 부르기로 한 것이다. 여기서 튜링의 개념 정의나 다트머스 대학교의 워크숍에서 나온 인공지능의 정의는 "인간과 같이 생각한다"는 점에서 '강한 인공지능'을 뜻한다(1950년대 당시는 강한 인공지능이 아니라 인공지능이라고 불렀다).

이처럼 인공지능이라는 말이 본격적으로 사용되기 시작했지만 '강한 인공지능'의 발전은 더딘 행보를 보였다. 그 이유는 우리가 사용하는 모든 컴퓨터를 구동하는 방식에서 찾아볼 수 있다. 우리가 현재 사용하는 컴퓨터는 헝가리계 유대인 천재 수학자인 폰 노이만Johann Ludwig von Neumann이 고안한 방식을 사용하고 있다. 폰 노이만이 고안한 방식은 '프로그램 내장방식'으로 컴퓨터 기억장치에 프로그램을 저장해서 순차적으로 하나씩 작업을 처리하는 방식이다. 이 방식으로 작동하는 컴퓨터(현재 사용하고 있는 모든 컴퓨터)를 '폰 노이만 컴퓨터'라고 부른다.

이 폰 노이만이 고안한 '프로그램 내장방식'을 사용해서 만든 최초의 컴퓨터가 '에드삭'이다. 하지만 에드삭은 10진법 체계를 사용했다는 점에서 현재의 컴퓨터와는 차이가 있다. 그런 의미에서 최초의 폰 노이만 컴퓨터는 1952년에 폰 노이만이 직접 개발한 '에드박'으로 본다. 에드박은 2진법 체계를 사용한 컴퓨터로 오늘날 우리가 사용하는 방식과 같은 것이고 이후 모든 컴퓨터는 에드박에서 적용된 방식을 사용한다(이런 면에서 보면 컴퓨터는 1952년 이후 큰 틀에서의 변화는 없고 모두 틀 안에서의 변화이다).

폰 노이만 컴퓨터를 쉽게 표현하면 우리가 컴퓨터를 사용하는 윈도우Windows나 한글 같은 프로그램은 한 번만 설치하면 고장이 나지 않은 이상은 컴퓨터의 전원을 켤 때마다 다시 설치하지 않아도 된다. 이는 이미 컴퓨터에 프로그램이 내장되어 있기 때문이다. 또 폰 노이만 컴퓨터는 구조적으로 작업할 때, 아무리 여러 개의 프로그램 창을 띄웠더라도 한 번에 하나씩 순차적으로 작업하게 되어 있다.

이러한 폰 노이만 컴퓨터에는 숨겨진 약점이 있다. 폰 노이만 컴퓨터에서 하는 작업은 입·출력을 제외하면 연산 작업이 전부이고 그 외의 다른 작업은 할 수 없다. 폰 노이만 컴퓨터가 유일하게 할 수 있는 연산 작업은 쉽게 말해 계산하는 작업뿐이다. 이 연산 작업에는 '산술 연산'과 '논리 연산'이 있다. '산술 연산'은 덧셈·뺄셈·곱셈·나눗셈을 말한다. 하지만 실제 컴퓨터는 덧셈만을 한다. 컴퓨터에도 음수가 인식이 가능하기 때문에 덧셈만으로 사칙연산이 가능하다. 예를 들어 뺄셈인 4-2의 경우 4+(-2)로, 곱셈인 2×3인 경우는 2+2+2로, 나눗셈인 4÷2=4×½=½+½+½+½처럼 모두 덧셈으로 계산할 수 있다. '논리 연산'은 '참'과 '거짓'을 밝히는 것이다. 우리가 일상생활에서 말하는 '예·아니오'로 답할 수 있는 것이나 여러 개의 보기 중 맞는 것을 고르는 작업이 바로 '논리 연산'이다.

이런 연산 작업만 할 수 있는 컴퓨터는 사람이 머리로 할 수 있는 작업의 극히 일부분만 할 수 있을 뿐 전부를 할 수 없다. 예를 들어 인간은 일상생활에서 점심시간에 여러 사람들과 같이 먹을 점심메뉴를 정할 때 "점심 뭐 먹을까?"라고 물어보면 "짜장면 먹고 싶어", "피자 먹고 싶어", "갈비탕 먹고 싶어"라는 등 여러 가지 대답이 나온다. 이런 것은 절대로 Yes나 No로 답할 수 없다.

다시 말해 계산할 수 없는 것이다. 이렇게 Yes나 No로 답할 수 없는 것은 폰 노이만 컴퓨터에서 절대 구현할 수 없다. 이런 점에서 현재 우리가 사용하는 폰 노이만 컴퓨터는 빠른 속도로 계산할 수 있는 '고속 계산기'에 지나지 않는다.

그렇기 때문에 튜링이 말하고 다트머스 대학교의 워크숍에서 말한 인공지능, 즉 강한 인공지능을 구현하기 위해서는 폰 노이만이 구축한 틀을 넘어서야 한다. 폰 노이만이 구축한 방식을 넘으려면 컴퓨터가 계산하는 능력 외에 다른 능력을 가져야 한다는 것이다(프로그램 내장은 그대로 간다). 이것은 말로 하면 쉽게 설명할 수 있지만 이를 실제로 구현하기는 어려운 점이 많다. 이를 비유하자면 축구 해설자가 "메시를 막기 위해서는 메시가 공을 가졌을 때 여러 명이 에워싸서 뺏는 것보다 처음부터 메시에게 가는 패스를 사전에 차단하는 것이 효과적이다"라고 쉽게 말할 수 있지만, 그라운드에 있는 선수들은 해설자의 말대로 메시를 막는 게 생각만큼 쉽지 않은 것과 비슷하다.

그리고 강한 인공지능을 구축하기 위해서는 무엇보다 인간의 뇌가 완벽하게 파악되어야 한다. 강한 인공지능을 가진 컴퓨터를 만들기 위해서는 인간의 신경과 같은 일을 수행하는 '인공 신경망'을 설계해야 한다. '인공 신경망'은 연산뿐만 아니라 인간처럼 사고도 할 수 있는 능력이다. 하지만 이것도 쉽게 설계할 수 있는 것은 아니다.

'인공 신경망'은 인간의 신경망을 컴퓨터에 그대로 구현하는 것이지만 쉽지 않은 면이 있다. 아날로그로 이루어진 인간의 신경망을 디지털로 표현하는 지금의 폰 노이만 컴퓨터에서는 완벽하게 구축할 수 없기 때문이다. 이는 우리가 듣는 음악에 비유할 수 있다. 요즘 우리가 음악을 들을 때 MP3 방식으로 듣는데, 음질이 좋을지는 몰라도 사람의 목소리를 있는 그대로 표현하지는 못한다. 아날로그인 사람의 목소리를 디지털인 MP3로 바꿀 때 압축되는 과정에서 변형이 일어나 일부 손실이 되기 때문이다. 그래서 사람의 목소리를 온전히 담은 LP판을 들을 때 MP3 파일을 들을 때보다 더 감성을 느낄 수 있는 것이다.

몇 년 전 모 방송국에서 했던 '히든 싱어'라는 프로그램을 기억해 보자. 커튼 뒤에서 원곡을 부른 가수와 모창을 하는 사람이 노래를 부르면, 진짜 가수가 몇 번 커튼 뒤에 있는지 찾는 프로그램이었다. 이 프로그램 중 가장 인상적이었던 것이 김광석 편이다. 김광석 편은 지난 1996년 타계한 김광석 대신 그의 노래가 담긴 CD가 커튼 뒤에 있었다는 점에서 다른 가수 편과는 달랐다. 김광석의 노래가 담긴 CD와 모창가수가 대결하기 전에는, 그의 노래를 많이 들었던 팬들과 지인들은 자신 있게 찾아낼 것이라고 말을 했다. 하지만 그들은 김광석의 노래가 담긴 CD가 있는 커튼의 번호를 제대로 맞히지 못했다. 그들은 '라이브로 들었던 김광석의 노래'와 'CD를 통해 듣는 김광석의 노래'의 목소리가 달랐다는 말을 했다. 이 말은 디지털로 듣는 사람의 목소리가 아날로그로 듣는 원래 목소리와는 거리가 있다는 것이다.

사람의 목소리를 컴퓨터에서 그대로 구현하려면 아날로그 표현도 디지털과 함께 가능해야 한다. 상황에 따라 아날로그와 디지털을 자유자재로 사용이 가능할 때 완벽하게 '인공 신경망'이 구현될 수 있는 것이고 비로소 이때 '강한 인공지능'이 구현될 수 있다. 이때가 '폰 노이만 방식'을 탈피하는 때일 것이다.

약한 인공지능

1950년대 앨런 튜링과 다트머스 대학교 워크숍에서 인공지능에 대한 개념적 정의는 확립이 되었지만, 이를 실제로 구현하는 데는 기술적인 이유로 어려움이 있었다.

컴퓨터가 나온 초기 하드웨어는 많은 양의 데이터를 처리하고 저장하는 데 한계가 있었다. 특히 보조기억장치의 문제가 심각했다. 초기 컴퓨터의 보조기억장치는 자기테이프를 사용했다. 자기테이프는 우리가 1990년대까지 흔히 사용했던 카세트테이프와 같은 원리로 작동되었다. 카세트테이프를 사용해서 음악을 들을 때 내가 듣고 싶은 곡을 찾으려면 테이프를 처음부터 끝까지 순서대로 돌려야 한다. 자기테이프도 카세트테이프처럼 원하는 데이터를 찾기 위해서는 테이프를 처음부터 순서대로 돌려가며 찾아야 했다. 이 때문에 자기테이프를 사용하던 시기에는 컴퓨터의 성능이 인간과 비교해서 확실한 우위에 있었다고 말할 수 없었고, 컴퓨터에 설치해서 사용하는 소프트웨어도 단순한 프로그램일 수밖에 없었다.

그러던 것이 1980년대부터 본격적으로 하드디스크, CD-ROM, DVD-ROM 같은 대용량 저장장치가 나오면서 이전과는 비교가 되지 않을 정도로 복잡하고 고급스러운 소프트웨어도 설치하고 구동할 수 있게 되었다. 이때부터 나온 보조기억장치는 내가 찾고 싶은 데이터를 처음부터 차례로 찾는 게 아니라, 그 자리에서 바로 찾는 게 가능해지면서 컴퓨터의 처리 능력이 인간을 뛰어넘는 것이 가능해졌다.

더욱이 1990년대 인터넷이 발달하면서 시간과 공간의 제약이 없어지고, 이것이 그동안 사람들의 기억 속에서 잊히며 긴 겨울잠을 자던 인공지능이 잠을 깨고 나올 수 있게 만들었다.

그럼에도 불구하고 강한 인공지능을 구현하는 데는 한계가 있었다. 컴퓨터가 폰 노이만이 정의한 것에서 한 발짝도 벗어나지 못했기 때문이다. 다시 말해 그동안 컴퓨터는 획기적인 발전이 없었다는 것이다. 이런 기술적 한계로 인간의 모든 영역이 아니라 한두 가지 면을 뛰어넘는 기계를 생각하게 되었고 이것이 '약한 인공지능'이 발전하게 된 계기가 되었다.

'약한 인공지능'은 '강한 인공지능'처럼 기계가 스스로 사고하고, 학습하고, 감정을 가질 수 없지만 특정 영역에서 인간을 뛰어넘는 능력을 가지고 있다(최근에 회자되는 빅데이터 기술의 발달로 가능해졌다). 그리고 이런 '약한 인공지능'을 구현한 대표적인 기계가 알파고이다. 알파고는 인간처럼 사고하고, 학습하며 감정을 가지는 기능은 없지만, 바둑 영역에서 빅데이터를 바탕으로 주어진 상황에 최적의 값을 계산하는 능력에 있어서는 인간을 뛰어넘는 기능을 가지고 있다.

어떤 사람은 알파고가 학습 기능을 가지고 있다고 말하지만, 인간처럼 무에서 유를 창조할 수 없다는 점으로 미루어 학습한다고 볼 수는 없다. 학습이란 어떤 현상을 보고 새로운 법칙을 찾아내는 것이다. 뉴턴이 떨어지는 사과를 보고 만유인력의 법칙을 찾아낸 것이나, 목욕탕에서 '유레카'를 외치며 순금을 감정하는 법을 찾은 아르키메데스가 대표적이다. 인간은 학습을 하면 자신의 생각을 여러 방법으로 표현하는 것이 가능하다. 인터넷을 보면 이세돌이 알파고와의 대국에 대해서 여러 가지 인터뷰한 것은 볼 수 있지만, 알파고가 한 인터뷰는 한 건도 없다는 것을 보면 확실하게 알 수 있다.

이러한 '약한 인공지능'은 지난 1997년 체스로 사람을 이긴 이후 비약적으로 발전해왔고, 점차 생활 속으로 파고들어 우리를 편리하게 해주고 있다. 우리가 일상생활에서 흔히 사용하는 로봇 청소기 등에 이런 인공지능 기능이 들어 있는 것이다.

인공지능의 미래

The future of

artificial intelligence,

man is the answer

"사상최대의 취업난, 돌파구가 보이지 않는다"

2045년 3월 현재 전 세계를 강타한 사상 최대의 취업난으로 실업자가 전체 인구의 절반에 육박했다.

지난 5일 국제노동기구 ILO의 발표에 따르면, 가입국의 전체 경제활동 가능인구 30억 명 중 절반에 가까운 14억 3천만 명이 일자리를 얻지 못해 실업자의 비율이 절반에 가까운 것으로 나타났다. 이는 ILO가 통계를 내기 시작한 이래 최대의 수치이다.

ILO관계자에 따르면 실업률이 사상 최대치를 기록한 이유는 이전에 대부분 사람들이 하던 일자리를 인공지능이 대신하게 되어 사람들이 할 수 있는 일자리가 줄어든 것이 1차적인 원인이라고 말했다. 또한 사람들의 일자리가 줄어든 만큼 새로운 일자리가 창출이 되지 않는 것이 더 큰 원인이라고 했다. 그러면서 그는 "앞으로도 이러한 취업난은 계속될 것이고, 이를 타개하기 위해서는 전 세계적으로 함께 노력해서 양질의 일자리를 만들어야 할 것이다"라고 말하며 힘을 합쳐 노력할 것을 강조했다.

ILO관계자의 이 같은 호소에도 불구하고 각국 정부들은 뾰족한 일자리 대책을 내놓지 못하고 있다. 이미 대부분의 일자리를 인공지능이 대신하고 있어 당장 인간이 할 수 있는 일자리를 만들 수 없기 때문이다. 이 때문에 현재 우리나라에도 50%에 육박하는 실업률이 사회 문제가 되고 있다. 취업이 안 돼서 극단적인 선택을 하거나 희망을 잃고 살아가는 사람들이 많이 늘면서 이것이 심각한 사회문제가 되고 있다.

박태민 기자

2045년 가상의 신문기사에 나온 내용을 보면 인간이 하던 일을 인공지능이 대신하게 되면서 일자리가 줄어들어 사상 최대의 실업률을 기록하고 있다. 이 기사가 가상이긴 하지만 인공지능이 보편화되면 실제로 우리 사회에서 일어날 수 있는 일이다.

공장에서 생산직으로 일하는 노동자나, 건설현장에서 일하는 일용직 노동자들의 일자리도 인공지능이 대체하게 될 것이다. 이런 단순 노동을 하는 일자리 외에도 수술을 하는 의사의 일도 인공지능으로 대체하게 될 것이다. 실제로 얼마 전 수술 로봇 '왓슨'이 들어오면서 국내에서도 로봇으로 수술이 가능한 여건이 마련되었다. 현재는 일부 대학병원에서만 인공지능 로봇을 이용한 수술이 가능하겠지만, 미래에는 일반 병원에서도 가능하게 될 것이다. 이렇게 되면 수술하는 외과의사의 입지가 줄어들 것은 분명하고 대다수는 일자리를 잃을 가능성도 커진다.

이처럼 인공지능이 보편화되는 미래에는 일자리를 잃게 되는 사람이 지금보다 더 늘어나게 될 것이고, 다시 일자리를 구하기도 힘든 상황이 올 수도 있다. 일자리가 줄어들면 줄어들수록 인간으로서의 인간성이 상실하게 되는 현상이 올 수 있다.

지난 4월 17일 발생한 대규모의 해킹 사건은 인공지능의 등장으로 인해 일자리를 잃은 사람들의 소행으로 밝혀졌다. 이들은 18세기 1차 산업혁명시대 기계파괴운동을 뜻하는 '러다이트'라는 모임을 만들어 사전에 해킹을 모의한 것으로 수사 결과 드러났다.

이들은 경찰 조사에서 "인공지능의 등장으로 일자리가 줄어들면서 생존의 위기에 봉착했다"며 "생존을 하기 위해 이 같은 일을 저질렀다"고 말했다. 그리고 그들은 "해킹해서 시스템을 파괴한다면 사람들의 일자리가 늘어날 것이라고 생각했다"고 밝혔다.

하지만 정작 이들의 해킹 성공률은 높은 방화벽으로 30%에 그치면서 실패로 돌아갔다. 이번 '러다이트'의 해킹 사건은 1차 산업혁명시대 기계파괴운동인 '러다이트' 운동을 연상시키는 것이어서 높은 실업률의 이면을 보여주고 있다.

장민혁 기자

가상의 미래에 발생한 해킹을 통한 인공지능 파괴사건은 과거 18세기의 1차 산업혁명시대 기계파괴운동인 '러다이트 운동 Luddite Movement'을 떠올리게 한다. 러다이트 운동은 공장제 수공업에서 공장제 기계공업으로 바뀌면서 공장에서 일하던 노동자들이 일자리를 잃게 되자 그에 대한 반발로 기계를 파괴한 운동이다. 비록 이 운동은 실패로 끝났지만 산업혁명시대 어두운 면을 보여줬다는 점에서 긍정적인 면도 있었던 사건이다.

가상의 기사이지만 인공지능을 해킹한 이른바 4차 산업혁명시대 버전 러다이트 운동도 18세기 1차 산업혁명시대의 러다이트 운동이 있었던 당시의 사회·경제적 배경과 비슷하다. '러다이트 운동'이 있었던 시기도 일자리의 감소로 인해 실업률이 높았던 시기였다. 가상 기사에 나타난 미래의 상황도 일자리 감소로 인한 실업률이 높아진 상황이다. 두 시대에 공통적으로 나타난 사회·경제적 배경은 '인간성 상실'이 사회적 문제로 대두되었다. 이것이 인간의 생존에 위협으로 다가왔고, 결국 그 위협을 제거하기 위한 행동으로 나타난 것이다.

이처럼 인공지능이 보편화된 미래에는 인간의 생존이 위협 당하는 '인간성 상실'의 시대가 올 것이고 이렇게 된다면 인간으로서는 인공지능이 위협적인 존재로 느껴지게 될 것이다. 이것이 다가올 미래에서 볼 수 있는 인간의 모습인지 모른다.

지피지기
백전불태

The future of

artificial intelligence,

man is the answer

인공지능이 보편화되고, 인간의 생활 속에 깊숙이 들어오면 올수록 인간이 설 자리는 점점 좁아질 것이다. 예를 들면 버스나 택시 운전사 같은 경우 무인자동차가 나오면 이 일에 종사하던 사람들은 일자리를 잃을 수밖에 없다. 또한 공장의 생산라인에서 일하는 노동자들이나 건설현장에서 일하는 노동자들의 일자리도 인공지능에게 빼앗길 수밖에 없다. 그리고 최근 등장한 수술 로봇으로 인해 외과 분야의 의사도 일자리를 잃게 될 것이다. 이렇게 되면 현재 인간이 하는 많은 부분의 일자리가 인공지능으로 대체 되어 대량 실업자가 발생해 취업난이 현재보다 몇 배는 더 가중될 것이다.

이처럼 인간이 할 수 있는 일자리가 점점 줄어들고, 기계가 할 수 있는 일자리가 늘어난다면 인간의 존재가 약해지는 '인간성 상실'이라는 현상이 나타날 수 있다. 그렇게 되면 1차 산업혁명 시대에 일자리를 잃은 인간들이 기계를 파괴했던 러다이트 운동을 일으켰던 것처럼 인간들이 인공지능을 파괴하는 제2의 러다이트 운동이 일어날 수도 있다. 하지만 러다이트 운동이 결과적으로 실패했듯이 제2의 러다이트운동도 실패로 끝날 가능성이 있다.

제2의 러다이트운동이 실패로 끝날 것이라고 예상하는 이유는 18세기 러다이트 운동을 통해 인간은 한 가지 교훈을 얻었기 때문이다. 러다이트 운동을 통해 인간은 시대의 흐름은 되돌릴 수 없다는 진리를 깨달았고, 이러한 시대의 흐름 속에서 생존할 수 있는 길을 찾은 것이다.

인간은 1차 산업혁명시대까지는 인간이 하던 많은 일을 기계로 대체되면서 러다이트 운동 같은 기계 파괴 운동으로 저항해 왔다. 물론 기계 파괴 운동으로 기계가 하는 일을 다시 인간이 할 수 있게 바뀌지는 않았지만, 이 과정에서 인류는 인간만이 할 수 있는 분야를 찾아서 발전시켜 왔고, 이것이 인간과 기계가 공존할 수 있는 토대가 되었다. 이는 지금의 인공지능시대에도 마찬가지다. 인공지능의 도입으로 사라지는 일자리는 인간과 인공지능이 공통적으로 할 수 있는 일자리다. 하지만 오직 인간만이 할 수 있는 일자리는 사라지지 않을 것이다.

지난 2016년 8월 열렸던 리우 올림픽 펜싱 남자 에페 결승전을 생각해보자. 당시 결승에 출전했던 박상영 선수가 10-14로 뒤진 상황에서 맞은 휴식 시간에 '할 수 있다'라는 말을 계속 하면서 불안한 심리를 해소하던 장면을 기억할 것이다. 그 효과로 박상영 선수는 15-14로 경기를 뒤집고 금메달을 획득했다. 그렇지만 만약 이것이 인공지능이라면 '지금이 10-14이고, 에페 경기라서 동시에 양쪽 불이 들어오면 양쪽 다 점수가 올라가는 경기 규칙이 있다는 것을 인식할 것이다. 그리고 동시에 불이 들어오면 두 선수 모두 득점이 올라간다는 상황을 가정하고 이번 경기는 이길 확률은 거의 없다'고 생각하며 경기를 포기했을 것이다. 하지만 박상영 선수는 감정을 가진 인간이었기 때문에 마인드 컨트롤을 통해 거의 불가능한 것을 해냈다. 바로 이것이 인간만이 할 수 있고 인공지능은 할 수 없는 부분이다.

또한 박상영 선수의 결승전을 해설했던 최병철 해설위원의 해설도 마찬가지다. 해설위원이 한국 사람이고 10-14에서 경기를 뒤집은 것을 실시간이었기 때문에 흥분하면서 해설했다. 만일 상대 헝가리 해설자였다면 절망하는 말투로 해설했을 것이고, 중립 해설자라면 담담하게 해설했을 것이다. 반면 인공지능 기계라면 '10-14, 박상영 몸통 찌르기 성공했습니다. 11-14, 박상영 막고 어깨 찌르기 성공했습니다. 12-14, 박상영 옆구리 찌르기 성공했습니다. 13-14, 박상영 손목 찌르기 성공했습니다. 14-14, 박상영 몸통 찌르기 성공했습니다. 15-14, 경기 종료되었습니다. 박상영 금메달'이라는 멘트 정도만 가능하지 경기 출전하는 선수와 해설위원의 국적에 따라 다른 중계는 불가능할 것이다.

박상영 선수처럼 심리적인 부분을 컨트롤할 수 있는 분야와 펜싱 해설처럼 상황에 따라 감정이 가각 다르게 들어갈 수밖에 없는 분야는 오직 인간만이 할 수 있는 부분이다. 이런 부분은 인간이 스스로 생각하고, 스스로 학습과 경험을 하며, 스스로 몸으로 느끼는 것이기 때문에 감정이 없는 인공지능은 절대 할 수 없는 분야이다. 또한 정신과 치료처럼 인간의 심리상태를 읽고 그에 따라 처방할 수 있는 분야도 오직 인간만이 할 수 있는 분야이다. 인공지능시대에는 이러한 부분을 특화시키는 것이 인간이 가야 할 길이다.

전쟁의 승리를 미리 아는 데는 다섯 가지 요건이 있다.

첫째, 싸워야 할 때와 싸워서는 안 될 때를 분명하게 판단할 줄 아는 자는 승리한다.

둘째, 병력이 많은 경우와 적은 경우에 따라 적절하게 다른 방법으로 지휘할 줄 아는 자는 승리한다.

셋째, 위아래의 의지가 하나 되어 단결하면 승리한다.

넷째, 언제나 모든 준비를 갖추어 놓고 적이 대비 없이 틈을 보이기를 기다릴 줄 아는 자는 승리한다.

다섯째, 장수가 유능하여 군주가 작전에 간섭하지 않으면 승리한다.

이상의 다섯 가지가 승리할 수 있는 요건이다.

그러므로 적을 알고 나를 알면 백 번 싸워도 위태롭지 않을 것이다.

적을 모르고 나를 알기만 한다면 이기고 질 확률은 절반이 되며, 적도 모르고 나 자신도 모른다면 싸울 때마다 반드시 위험에 빠지게 된다고 말할 수 있다.

손무의 『손자병법』 중에서

춘추전국시대의 전략가 손무는 손자병법에서 "적을 알고 나를 알면 백번을 싸워도 위태롭지 않다知彼知己 百戰不殆."고 했다. 이는 인공지능시대에도 똑같이 적용된다. 우리는 인간과 인공지능의 특징을 제대로 파악하고, 어떤 것이 인간의 강점인지 확실하게 파악해야 된다.

2장

[인공지능시대, 인간과 기계의 공존]

THE FUTURE OF
ARTIFICIAL INTELLIGENCE,
MAN IS THE ANSWER

두려움이 없는 것이 용기가 아니다.
그 두려움을 이기는 것이 용기인 것이다.
그대가 할 수 있는 일, 아니면 하고 싶은 일이라도 상관없다.
그런 일이 있다면 지금 바로 시작하라.
용기 속에는 그런 일을 능히 할 수 있게 하는 천재성과 힘,
마법을 모두 갖고 있다.

괴테

'알파고'에 이어 '왓슨', '기가 지니', '누구(NUGU)' 등이 잇따라 등장하면서 인공지능은 한층 더 우리 생활에 깊숙이 파고들고 있다. 신석기혁명이나 산업혁명 등 인류 역사에서 엄청난 변화가 일어날 때는 이로 인해 득을 보는 사람도 있고 해를 입는 사람도 있었다. 이런 현상은 현재의 인공지능시대에도 이와 같은 양면성을 가지게 될 것이다.

18세기 후반 영국의 제임스 와트가 발명한 증기기관은 여러 의미에서 인류 역사에 많은 영향을 끼쳤다. 증기기관의 등장으로 이전과는 비교할 수 없을 만큼 상품을 대량생산할 수 있게 되었다. 그리고 사람이 직접 손으로 작업하는 것에 비해 완성품을 만들어내는 시간을 단축시키고 제품 가격까지 낮출 수 있었다. 이런 증기기관은 산업뿐만 아니라 사람들의 생활에도 많은 변화를 가져다주었다. 증기기관으로 움직이는 기차와 배가 등장하면서 이전과는 비교가 되지 않을 정도로 이동이 빨라지고 짧은 시간에 많은 거리를 이동할 수 있게 되었다. 이것이 증기기관이 인간에게 가져다준 혜택이다.

하지만 증기기관의 발명은 폐해도 심각했다. 증기기관의 발명으로 대량생산이 가능해지면서 사람이 하던 일을 기계로 대체하게 되자 실업자가 대량으로 발생하게 된 것이다. 그로 인해 러다이트 운동이 일어났고 '인간성 상실'이라는 결과를 가져왔다.

그리고 노동자에 대한 인권 유린도 이때부터 심각하게 대두되기 시작했다. 공장주들은 노동자들에게 장시간 노동을 강요했다. 노동자들은 소비와 휴식도 크게 제한 받았고, 어린이 노동이라는 비상식적인 일들도 벌어졌다.

또한 석유와 석탄 등의 화석연료를 대량으로 사용하면서 나타나는 환경파괴도 불러왔다. 1차 산업혁명 이전에는 대량생산을 하지 않았기 때문에 아무리 화석연료를 많이 사용해도 자연이 스스로 정화할 수 있는 능력이 있어서 환경오염 문제가 발생되지는 않았다. 하지만 1차 산업혁명 이후에는 오염물질 배출이 자연정

화의 한계를 넘어섰다.

편리성과 환경오염은 산업혁명이 낳은 양면성이다. 1차 산업혁명시대의 양면성으로 미뤄볼 때 4차 산업혁명시대에도 이런 양면성은 나타날 수밖에 없을 것이다. 인공지능 기능이 있는 자율주행 자동차는 인간에게 운전의 피로감을 줄여주고, 인공지능을 기반으로 하는 비서는 시간과 공간의 제약을 받지 않고 일정을 관리해 주는 편리함을 제공해 줄 것이다. 하지만 이러한 발달은 사람이 하던 일자리를 인공지능이 점령할 것이고, 일자리 감소는 대량 실업으로 이어지는 결과를 가지고 올 수 있다. 또한 1차 산업혁명시대와는 비교가 되지 않을 정도로 인간성 상실도 심화될 가능성이 있다. 인간은 "인공지능이 발달할수록 SF영화처럼 기계가 인간을 지배하는 세상이 올 수도 있다"는 불안감도 가속화될 것이다.

인공지능 기능을 탑재한 여러 종류의 기계가 등장함으로써 인공지능이 대중화되는 것은 이제 막을 수 없는 대세가 되었다. 인공지능이 대중화되는 4차 산업혁명시대에 인간은 인공지능과 함께 공존할 수밖에 없다. 인간이 인공지능과 함께하려면 인간이 인공지능과 비교해서 인류만이 가지고 있는 강점을 찾아야 한다. 인간이 진화하고 발전할 수 있었던 것은 인간이 가진 가장 강력한 무기를 극대화한 결과이다. 교육과 서비스 같은 인간만이 할 수 있었던 것을 찾아서 극대화한 것이다. 사람이 사람을 상대로 하는 서비스와 교육은 인간 고유의 영역이다, 인공지능시대에도 이러한 인간만이 할 수 있는 인간 고유의 영역을 발전시켜야 할 것이다.

인간의 강점을 극대화한다

The future of
artificial intelligence,
man is the answer

Ich liebe dich so wie du mich am A bend und am Morgen

사랑해선 안 될 게 너무 많아
그래서 더욱 슬퍼지는 것 같아
그 중에서 가장 슬픈 건, 날 사랑하지 않는 그대
내 곁에 있어 달라는 말 하지 않았지

신승훈의 '보이지 않는 사랑' 중에서

1991년 신승훈이 작사·작곡하고 부른 '보이지 않는 사랑'이라는 노랫말이다. 이 노랫말을 보면 헤어진 옛사랑에 대한 미련을 가지고 있는 연인의 마음을 애절하게 표현하고 있다.

떠난 연인을 잊지 못해 미련을 가지고 보이지 않게 사랑하는 것은 인공지능이 할 수 없는, 오직 인간만이 할 수 있는 영역이다. 인간은 감정을 가지고 있기 때문에 자신이 경험했던 것과 같은 상황을 노래로 듣거나 영상을 보면 그때의 감정이 떠오른다. 하지만 인공지능은 사랑의 감정도, 사랑의 경험도 할 수 없기 때문에 연인 간의 감정이 어떤 것인지 알지 못한다.

이처럼 인공지능은 옛 일을 회상할 수도, 그에 따른 감정을 느낄 수도 없기 때문에 이런 내용을 가사로 쓰고 곡을 만드는 일을 할 수 없다. 물론 빅데이터를 활용한다면 인공지능도 글을 쓰거나 노래를 만들 수 있을 것이다. 그렇지만 첫사랑에 대한 감정이나 사랑했던 사람과 이별했던 당시의 감정을 담아서 가사를 쓰거나 곡을 만드는 것은 불가능하다. 그리고 인공지능은 감정을 가지고 있지 않기 때문에 하나의 곡을 다르게 해석해서 연주하거나 부를 수 없다.

그대여 아무 걱정 하지 말아요

우리 함께 노래합시다

그대 아픈 기억들 모두 그대여

그대 가슴 깊이 묻어 버리고

지나간 것은 지나간 대로 그런 의미가 있죠

떠난 이에게 노래하세요

후회없이 사랑했노라 말해요

전인권의 '걱정 말아요 그대' 중에서

지난 2015년 인기리에 방영되었던 케이블 TV 드라마 '응답하라 1988'의 삽입곡인 '걱정 말아요 그대'라는 노래이다. 이 노래는 원래 2004년에 발매된 전인권의 4집에 담긴 곡이다. 2015년 이적이 리메이크하면서 이 노래가 드라마 삽입곡으로 실리게 되었다. 이 노래를 전인권의 목소리로 부른 것과 이적의 목소리로 부른 것을 보면 같은 곡이지만 와 닿는 느낌은 차이가 크다. 전인권의 목소리로 들으면 지난 사랑을 잊지 못해 울부짖는 느낌이 있고, 이적의 목소리로 들으면 그때의 상황을 추억하고 추억을 긍정적으로 생각하는 느낌이 든다(물론 이것은 필자의 개인적인 의견이다). 이처럼 같은 곡을 불러도 부르는 사람마다 각자 느낌이 다른 것은 노래 가사 속에 나오는 상황을 어떻게 느끼는가에 따라 다르다. 이는 각자가 가지는 감정이 똑같을 수가 없기 때문이다.

인간은 감정을 가지고 있어서 때에 따라서는 불가능한 일을 해내기도 한다. 아이 엄마가 자동차를 들어 올려 밑에 깔린 자신의 아이를 구했다는 이야기를 들어본 적이 있을 것이다. 성인남자도 200kg가 넘는 자동차를 들어올리기에는 역부족이다. 그럼에도 불구하고 아이 엄마는 들어 올렸다. 이는 '모성애'라는 감정이 불가능을 가능하게 만들기 때문이다. 실제로 그 후 그 아이 엄마가 자동차를 들어 올리려고 했지만 자동차는 꿈쩍도 하지 않았다고 한다.

또 다른 예를 들어보자. 어느 아파트 10층에 불이 나서 사람이 미처 빠져 나오지 못하고 구조를 요청했다. 그때 인공지능 소방관이라면 확률로 계산해서, 10층에 있는 사람의 생존 확률이 낮으면 구조하라는 명령을 내리지 않을 것이다. 그렇지만 인공지능이 아닌 소방관이 사람이라면 10층에 사람이 있다는 사실만으로도 구조하러 출동하고, 때로는 구조하는 경우도 있다. 이러한 것은 사람이 감정을 가지고 있기 때문에 가능하고 상황에 따라 확률을 뛰어넘는 일을 하는 것이다.

이런 것으로 미루어볼 때 인공지능은 감정을 가지고 표현할 수 있는 분야에서는 인간을 뛰어넘을 수 없다. 인간만이 '감정'을 가지고 있고, 바로 이것이 인공지능시대의 경쟁도구이다.

인간은 감정으로 그것을 표현하는 능력 외에도 순간적으로 아이디어를 창출한다. 그리고 아이디어를 창출하면 그것을 잊지 않기 위해 기록으로 남긴다.

신승훈은 '보이지 않는 사랑'을 만들 당시 노래 앞부분인 'Ich liebe dich so wie du mich am Abend und am Morgen'은 베토벤의 가곡 'Ich liebe dich'의 앞부분을 가져왔지만 나머지 부분은 좀처럼 악상이 떠오르지 않아 곡을 만드는 데 어려움을 겪었다고 했다. 그러던 중 미국 공연을 가게 되었는데 공항에 들어서는 순간, 나머지 부분의 멜로디가 떠올라 그 자리에서 바로 녹음기를 구해 만들었던 것이다.

인간은 이처럼 즉흥적으로 새로운 아이디어를 떠올릴 수 있는 능력을 가지고 있다. 이런 것들은 음악뿐만 아니라 다양한 분야에서 나타난다. 가장 대표적인 것이 바로 아이폰이다. 아이폰은 소프트뱅크 손정의 회장이 '기존의 아이팟 터치에 전화기능을 넣으면 좋겠다'는 생각을 즉흥적으로 떠올렸고, 이것을 애플의 CEO 스티브 잡스에게 전달한 것에서 시작되었다. 손정의의 생각을 들은 잡스는 그의 아이디어가 좋다고 생각해 제품을 만들었고, 그 제품이 전 세계적으로 돌풍을 일으킨 것이다.

인간이 즉흥적으로 아이디어를 떠올려서 새로운 것을 창조하는 데는 아이러니하게도 인간의 부족한 부분이 한몫을 한다. 인간은 중요한 기억이 아닌 것들은 대부분 잊어버린다. 그래서 기억한 것을 잊지 않기 위해 기록하고, 그것을 남겨서 후대에 전하는 능력을 가지고 있다. 반면 인공지능은 자신이 가지고 있는 데이터를 활용할 줄만 알지 즉흥적으로 아이디어를 떠올려서 새로운 것을 창조해내는 능력은 없다. 백지 상태에서 새로운 아이디어를 떠올리는 것은 인간만이 할 수 있는 고유한 영역이다. 바로 이러한 것이 인간만이 가지는 고유의 특성이며, 인공지능시대를 살아가는 우리는 이를 극대화시켜야 할 것이다.

'기록'은
인간의 가장 강력한 무기

The future of
artificial intelligence,
man is the answer

인간의 강점은 기록에서 시작되었다

최초의 인류라 불리는 '오스트랄로피테쿠스' 이래로 인간은 지구상의 다른 생물들과 비교할 수 없을 정도로 엄청난 진화를 했다. 먹이 사슬 가장 아래에서 가장 높은 곳으로의 진화, 이는 지구상의 인간 이외의 어떤 생물도 하지 못했던 일이다. 이러한 인류의 진화에는 여러 이유가 있겠지만, 그 중 가장 큰 이유는 기록을 하고 그것을 남기는 능력을 인간이 가지고 있다는 점이다. 아프리카 초원에서 처음 인류의 조상이 나왔을 때 인간은 육식동물의 손쉬운 먹이가 될 정도로 가장 약한 존재였다. 그러던 것이 도구를 만들어 사용할 줄 알면서 점차 강한 존재가 되기 시작했고, 뇌를 효율적으로 사용하면서 다른 생물과 비교해 생각을 하는 등 특별한 능력을 가지면서 가장 강한 존재가 되었다.

인류가 지구상에서 가장 강한 존재로 진화하기 위해 고안한 방법은 기록을 하는 것이었다. 가령 도구를 만든다고 했을 때 입에서 입으로 전한다면 그 과정이 정확하게 전달되지 않을 가능성이 있고, 전달되는 과정에서 원래 의도했던 바와 다르게 전달될 수 있다. 또한 시간이 지나면서 잊힐 수도 있다. 이러한 단점을 보완하고자 인류는 기록으로 그것을 남기는 방법을 고안했다. 기록은 구전口傳에 비해 정확하게 전달할 수 있고, 오랜 시간이 지나도 잊히지 않고 후대에 제대로 전달되기 때문이다.

인류가 처음 기록을 남기기 시작한 방법은 그림을 통해서였다. 당시는 문자가 없어서 기록을 그림으로 남기는 방법 외에는 없었다. 그래서 후대에 이런 그림을 토대로 당시의 생활상이나 자연환경을 알 수 있다. 울산광역시 울주군 두동면 천전리에 있는 신석기시대의 암각화인 각석을 보자. 우리는 이 암각화를 통해 당시 사람들의 시대상과 생활상이 어떤지를 알 수 있다. 그렇지만 그림은 보는 사람의 관점에 따른 해석이 제각각이다. 그림을 그린 사람이 아니라면 정확한 의미 파악이 어렵다는 단점을 가지고 있다.

이는 16세기를 대표하는 네덜란드 화가 피터르 브뤼헐Pieter Bruegel, 1525 ~ 1569의 '장님을 이끄는 장님'이라는 작품을 통해 이것을 쉽게 설명할 수 있다. 이 그림을 크리스트교인, 특히 가톨릭교도들이 보면 『신약성경』에 나오는 예수 그리스도의 말씀을 주제로 한 것이라 생각할 수 있다. 하지만 이 그림을 스페인으로부터 독립을 쟁취한 프로테스탄트(개신교) 쪽에서 보면 장님을 스페인 혹은 로마의 교황이라고 해석한다. 그리고 가톨릭 국가 스페인으로부터 독립한 프로테스탄트 국가 네덜란드인의 눈으로 본다면 스페인과 로마 교황을 비판한 것으로 생각할 수 있다. 이처럼 그림은 보는 사람에 따른 다양한 해석을 할 수 있기 때문에 그림을 그린 정확한 의도를 해석하기가 어렵고 시대 상황을 유추해 보기도 힘들다(브뤼헐의 '장님 위의 장님'도 시대 상황을 모르면 위와 같은 해석이 불가능한 것이다).

인류가 이런 단점을 보완하기 위해 발명한 것이 바로 문자이다. 문자의 발명으로 인류는 이전과는 비교할 수 없을 정도로 발달된 문명을 만들 수 있었고, 이것이 지구상의 다른 생물체와는 비교할 수 없을 정도의 진화를 가져오게 했다.

문자에 이어 종이를 발명하면서 인류는 머릿속에 들어있는 것을 보다 손쉽게 기록하고 보관도 용이하게 되었다. 더불어 다양한 종류의 기록이 가능하게 되면서, 인류는 그만큼 많은 지식을 습득할 수 있게 되었다. 이때부터 인류는 지구상에서 가장 강한 존재로 자리 잡게 된 것이다. 종이를 발명해서 기록에 대한 패러다임의 변화가 왔음에도 불구하고 초기에는 문자를 해석하는 데 어려움이 있었다. 손으로 기록한 문서는 정자로 쓰지 않을 경우 그것을 쓴 사람 외에는 알아볼 수 없는 것도 있었다. 심지어는 그걸 쓴 사람조차도 알아보지 못할 때도 있다. 이런 이유로 초기에는 문자의 의미를 해석하는 데 어려움이 많았다.

그러던 것이 인쇄술의 발달로 문자를 아는 사람이면 누구나 알아볼 수 있게 되면서 보다 쉽게 의미를 해석할 수 있게 되었다. 또한 인쇄술의 발달로 대량 인쇄가 가능해지면서 기록을 보존하는 데도 패러다임에 큰 변화가 왔다. 대량 인쇄가 되지 않았을 때는 기록을 여러 부로 복사하는 데 어려움이 있었다. 그래서 기록이 소실되면 복구 자체가 되지 않아 후세에 전해질 수 없었다. 그런데 인쇄술의 발달로 대량 인쇄가 가능해지면서 화재 같은 참사로 인한 기록물 소실을 막을 수 있게 되었고, 이것이 후세에 제대로 전해질 수 있는 바탕이 되었다.

이 인쇄술의 발달로 후대에 남겨진 대표적인 것이 바로 『조선왕조실록』이다. 『조선왕조실록』은 『고려왕조실록』이 1부만 보관했기 때문에 전쟁 등으로 인한 소실로 후대에 전해지지 못한 것을 교훈삼아 4부를 인쇄해 전국의 각 사고에 보존했다. 그래서 임진왜란이라는 참화가 있었음에도 불구하고 『조선왕조실록』이 전해지고 있는 것이다. 임진왜란 때 왜군은 우리 백성만 학살한 게 아니고 수많은 우리 문화재를 파괴했다. 『조선왕조실록』도 예외는 아니었다. 임진왜란 당시 『조선왕조실록』은 전주 사고에 보관된 기록만이 온전하게 남았고 다른 곳에 보관된 것은 모두 소실되었다. 이 전주 사고본이 있었기에 이를 바탕으로 전쟁이 끝난 후 태조실록부터 명종실록까지 다시 인쇄해서 보존되고 있는 것이다.

인쇄술의 발달로 인류는 많은 것을 후세에 남길 수 있게 되었다. 결과적으로 인류는 기록으로 자료를 남기고 보존했기 때문에 많은 발전을 해왔고, 이를 토대로 진화를 거듭해온 것이다.

임진왜란 때 조선 수군의 막강한 전력을 자랑했던 거북선도 마찬가지다. 태종 때 제작된 거북선에 대한 기록이 있었기 때문에, 이 기록을 토대로 이순신 장군이 당시의 현실에 맞게 재창조한 것이다. 만약 태종 때의 거북선 기록이 없었다면 이순신 장군의 거북선은 볼 수 없었을지도 모른다.

또한, 오늘날 우리 생활에 없어서는 안 되는 인터넷도 거북선과 마찬가지로 기록이 있었기에 가능했다. 인터넷의 기원은 편지이다. 일반적으로 편지를 써서 상대에게 보낼 때 상대가 제 시간에 받아보기 위해서는 여러 가지 제약이 많았다. 날씨가 좋지 않아도 제 시간에 편지가 도달하지 못하고, 집배원이 방문하는 시간에 상대가 집에 없어도 제 시간에 편지가 도달하지 못한다. 이런 단점을 해결하고자 외부 환경의 제약을 줄이기 위해 만든 것이 인터넷이다. 인터넷을 이용해 정보를 전달하면 외부 요인에 의한 제약이 줄어들어 상대가 제 시간에 받아볼 확률이 높아진다. 이처럼 인터넷도 인간이 생각하고 기록하는 능력을 가지고 있고, 편지라는 기록이 있기에 나올 수 있었던 것이다.

인문학은 인간이 가진 최대의 강점이다

인간의 최대 강점인 인문학은 인류가 기록하는 능력을 가지면서 시작이 되었고, 문자를 발명하면서 그 절정에 이르게 되었다. 만약 인간이 기록하는 능력이 없고 문자를 발명하지 않았다면 어떻게 되었을까? 우리가 얻고 터득한 지혜를 후손에게 제대로 전해줄 수 없었을 것이다. 우리가 경험으로 얻고 터득한 지혜를 말이나 몸짓으로 전하는 것에는 한계가 있고 전하는 과정에서 심한 왜곡이 일어날 수 있다. 이렇게 되면 처음 전하고자 했던 지혜의 원본은 사라지고, 인류가 지구상에 존재하는 생물 중 가장 강한 존재로 남을 수 없었을 것이다.

신이 인간을 창조할 때 기억력의 한계를 설정해 두었다. 인간이 아무리 집중해서 보고 들었다고 해도 그 내용의 전부를 기억하지는 못한다. 설령 기억하고 있는 내용이라도 자신에게 강하게 다가온 것을 제외하고는 얼마 가지 않아 잊어버리고 기억이 나지 않는다. 인류는 이런 단점을 보완하고자 보다 오랫동안 기억할 수 있는 방법을 찾기 시작했다. 그 결과로 나온 것이 문자를 사용해 기록함으로써 기억하는 방법이다. 인간의 뇌는 시간이 지나면서 그것을 잊어버리지만, 기록했던 것을 보면 기억의 스위치가 켜져서 그 기억을 다시 불러올 수 있게 해준다. 예를 들어 우리가 어린 시절 쓴 일기를 읽으면 그동안 잊고 지냈던 그 시절의 기억을 떠올리는 것과 마찬가지다.

인간은 기록을 통해 앞선 시대의 지혜를 배울 수 있고, 이것을 교훈삼아 더 나은 미래를 개척할 수 있다. 2,500년 전에 살았던 인물인 공자와 소크라테스도 기록을 통해 남기지 않았다면 지금 우리는 그들의 지혜를 배울 수도 없을 것이고, 이를 통해 교훈을 얻는 것도 불가능했을 것이다.

문자로 기록이 가능하면서 인류는 다양한 역사를 남길 수 있게 되었다. 우리는 이 기록을 토대로 역사를 만들어가면서 많은 교훈을 얻는다. 조선말의 세도정치를 보자. 관리가 백성을 돌보지 않고 자신의 이익만을 앞세우게 되면서 나라가 부패해지고 결국은 망국의 길로 치닫게 되었다. 우리는 그것을 기록을 통해 배운다. 그리고 한 발 더 나아가 다시는 나라를 빼앗기지 않기 위해서는 어떻게 해야 할지를 배우고, 이것을 통해 후손에게 아픈 역사를 물려주지 않는 방법을 마련한다.

인류는 기록을 통해 눈에 보이지 않는 것을 알게 해주는 역할도 한다. 우리가 눈에 보이지 않는 중력을 믿게 된 것은 뉴턴의 기록에서 시작된다. 뉴턴은 사과나무에서 사과가 떨어지는 것을 보고 중력(만유인력)을 발견했고 이것을 『프린키피아』라는 책에 기록해 두었다. 우리는 이 뉴턴의 『프린키피아』를 보고 눈에 보이지 않는 중력을 알고 믿을 수 있게 된 것이다.

인간은 기록을 통해 새로운 것을 발견하고 증명하기도 한다. 수학에서 페르마가 '페르마의 정리'를 기록해 두었기 때문에 나머지 기록에서 사라진 부분을 증명할 수 있었고, 신의 입자라는 힉스의 발견도 '논문'이라는 기록을 통해 남겼기에 가능했다. 기록이 없었다면 불가능했을 것이다.

음악 또한 기록을 통해 제대로 연주하고 부를 수 있게 한다. 우리가 베토벤이나 모차르트 음악을 연주하고, 아리랑을 부를 수 있는 것도 기록이 존재하기 때문이다. 오선지에 음표로 기록해 두었기 때문에 이들의 교향곡을 연주할 수 있는 것이고, 아리랑의 가사도 기록해 두었기 때문에 지금도 부를 수 있다. 이처럼 기록은 인간에게 다른 생물체가 이룰 수 없는 높은 수준의 문화를 만드는 것을 가능하게 한다. 이런 문화에는 인간만이 가진 고유한 특성인 감정을 가지고 사고하며 자각하는 능력 등이 녹아 있다.

이것을 바탕으로 인류는 한층 더 발전된 문화를 창조할 수 있는 것이다. 문화는 인공지능과 차별되는 인간만이 가진 고유한 것이다. 인공지능은 방대한 자료를 기억할 수 있을지언정 이를 토대로 새로운 것을 창조하지는 못한다. 또한 스스로 그것을 기록할 수도 없다(물론 수동적인 기록은 가능하다).

기록을 통해 남겨지고 이것을 바탕으로 창조되는 문화는 인간만이 가지고 있는 고유한 특징이다. 인간은 오직 인간만이 가질 수 있는 것을 만들고 최적화시켜 왔다. 인간은 이러한 바탕이 있었기 때문에 1차 산업혁명시대를 버텨내고 이겨낼 수 있었다. 이러한 것은 4차 산업혁명시대에도 마찬가지로 적용될 수 있다. 4차 산업혁명시대에도 여전히 '기록'이라는 도구는 그 누구도 흉내 낼 수 없는 인류가 가진 가장 강력한 무기라는 것은 변함없는 사실이다.

사고와 학습이 가능한 인간

The future of artificial intelligence, man is the answer

인간은 지구상의 모든 생명체와 비교할 수 없을 정도로 비약적인 발전을 이룩해왔다. 이렇게 비약적으로 발전할 수 있었던 데는 인간의 뇌가 사고하고 학습할 수 있도록 진화해왔기 때문이다. 뇌를 사용해서 사고하고 학습할 수 있는 것, 이것은 오직 인간만이 할 수 있는 고유한 영역이다.

순은 농사를 짓다가 떨쳐 일어났고,
부열[1]은 성벽을 쌓는 일을 하다가 기용되었고,
교력[2]은 어물과 소금을 팔다가 기용되었고,

관이오[3]는 옥리에 잡혀 있다가 기용되었고,

손숙오[4]는 바닷가에 살다가 기용되었고,

백리해[5]는 시장에서 살다가 기용되었다.

그러므로 하늘이 장차 큰 임무를 어떤 사람에게 내리려 할 때는

반드시 먼저 그의 마음을 괴롭게 하고, 그의 근골을 힘들게 하며,

그의 몸을 굶주리게 하고, 그의 몸을 곤궁하게 하며,

어떤 일을 행함에 그가 하는 바를 뜻대로 되지 않게 어지럽힌다.

이것은 그의 마음을 분발시키고 성질을 참을성 있게 해

그가 할 수 없었던 일을 해낼 수 있게 도와주기 위한 것이다.

『맹자』 고자, 하편 중에서

동양고전 『맹자』의 고자, 하편 중에서 나오는 '천강대임' 부분이다. 큰일을 할 사람은 하늘에서 그냥 내려주는 게 아니라 혹독한 시험을 거친 후 그것을 통과한 사람에게 내려준다는 것을 알 수 있다. 그리고 명문가 집안 출신이 아니라 평범하거나 혹은 그 이하의 집안 출신이라는 걸 보고 '나 같은 흙수저 출신의 평범한

---

1. 부열: 상나라 때의 재상
2. 교력(교격): 주나라 문왕의 신하
3. 관이오(관중): 춘추시대의 명재상으로 관포지교에 나오는 관중이 관이오
4. 손숙오: 춘추시대 초나라의 재상으로 치수사업으로 유명
5. 백리해: 춘추시대 진나라의 재상으로 관이오와 비교되는 명재상

사람도 하늘이 내린 혹독한 시련을 견디면 중요한 사람이 될 수 있겠구나'라고 생각할 수도 있다. 또 다른 한편으로는 '평범한 흙수저가 성공하고 계층을 뛰어넘는 것은 옛날이니까 가능했다. 지금은 돈이 없으면 계층을 뛰어넘을 수 없고 큰 임무를 맡을 수 있는 사람이 될 수도 없어. 이런 맹자의 말은 오늘날에는 비현실적이야'라고 생각할 수도 있다. 이 두 가지 견해는 사람들이 하나의 글을 읽고 여러 가지를 생각할 수 있다는 것을 보여준다. 이는 인간이 같은 글을 읽고 관점에 따라 다른 생각을 하고 학습하며 응용할 수 있는 능력을 가지고 있다는 것과, 그에 따른 결과물은 여러 가지가 나올 수 있다는 것을 보여준다. 이것은 오직 인간만이 할 수 있는 인간의 특징이다. 이것은 글을 읽을 때뿐만 아니라 노래를 부를 때도 나타난다.

집 떠나와 열차타고 훈련소로 가는 날
부모님께 큰절하고 대문 밖을 나설 때
가슴 속에 무엇인가 아쉬움이 남지만
풀 한포기 친구 얼굴 모든 것이 새롭다
이제 다시 시작이다 젊은 날의 생이여
(중략)
짧게 잘린 내 머리가 처음에는 우습다가

거울 속에 비친 내 모습이 굳어진다 마음까지
뒷동산에 올라서면 우리 마을 보일런지
나팔소리 고요하게 밤하늘에 퍼지면
이등병의 편지 한 장 고이 접어 보내오
이제 다시 시작이다 젊은 날의 꿈이여

김광석의 '이등병의 편지' 중에서

신체 건장한 대한민국의 남자라면 필수적으로 거쳐 가는 코스가 군대다. 그리고 군대하면 떠오르는 노래를 꼽으라면 십중팔구 김광석이 부른 이 '이등병의 편지'를 가장 먼저 떠올릴 것이다. 김광석의 목소리로 이 곡을 들으면 입대하던 날의 느낌이 생생하게 전해진다. 그런데 이 곡을 김광석이 아닌 다른 가수의 목소리로 듣는다면 느낌은 달라진다. '이등병의 편지'는 김광석이 처음 부른 게 아니라 리메이크 한 곡이다. 원래는 YB의 리더 윤도현이 젊은 시절 보컬을 맡았던 '종이연'이라는 밴드에서 가장 먼저 불렀다. '종이연'에서 부른 곡이 '들국화'의 전인권을 거쳐 김광석에게 온 것이다.

이 노래를 윤도현, 전인권, 김광석의 목소리로 부른 버전을 들으면 각각의 느낌이 전부 다르다. 같은 노래라도 부르는 가수마다 느낌이 다른 것은 가사를 본 느낌이 각자 다르기 때문이다. 윤도현의 목소리로 부르는 걸 들으면 예비역 병장인 형이 입대를 앞둔 동생에게 불러주는 느낌이고, 전인권의 목소리로 부르는 걸 들으면 제대 앞둔 말년 병장이 전입 온 지 얼마 안 된 신병에게 불러주는 느낌이 든다. 반면 김광석의 목소리로 부르는 걸 들으면 자기가 입대하던 날을 떠올리며 부르는 느낌이 든다.

같은 노래라도 부르는 가수마다 느낌이 다른 것은 가사를 본 느낌이 각자 다르기 때문이다. 다시 말해 곡의 가사를 보고 학습하고 사고하는 것이 사람마다 제각각이라는 것이다. 이것이 같은 프로그램이 내장되어 있어 동일한 기능을 하는 인공지능과 인간이 비교 구분되는 점이다.

이처럼 사고하고 학습하는 내용을 사람마다 제각각으로 느끼고 해석하는 인간의 특성이 결과적으로는 다양한 문화를 만들었다. 용을 보고 동양인은 신성한 존재라고 생각하는 반면, 서양인은 악마라고 생각한다. 그것을 보고 느끼고 표현하는 것이 서로 다르기 때문이다. 따라서 용이 나오는 동·서양의 문학과 예술 작품도 저마다의 차이가 있다.

그렇지만 인공지능 컴퓨터는 같은 프로그램을 바탕으로 제작되고, 같은 기준이 존재하기 때문에 각자 자신의 생각을 다르게 표현하는 것이 불가능하다. 예를 들어 IT분야 자격증 실기 시험을 치를 때, 시험을 칠 수 있는 컴퓨터는 여러 대가 있지만 내가 어떤 컴퓨터에서 응시하더라도 80점 이상이면 합격이고 80점 미만이면 불합격으로 처리된다. 모든 컴퓨터에 내장된 자동채점기는 같은 프로그램을 사용하기 때문에 합격 기준이 모두 동일하다. 반면 인간은 같은 부모에게서 태어난 형제 사이라도 생각하고 판단하는 기준이 다르다. 바로 이런 점이 인공지능과 인간의 차이다. 인간은 다양한 관점으로 다양하게 생각할 수 있다. 이런 것이 인간만의 특징이고, 인공지능시대에 인간이 특화시켜야 하는 부분이다.

인문학은 창조의 바탕이다

The future of
artificial intelligence,
man is the answer

어린 시절 나는 방학 때만 되면 시골에 있는 할머니 댁에 자주 놀러가곤 했다. 지금이야 읍내에서 할머니 댁으로 가는 버스도 자주 있고, 도로도 잘 정비되어 있어 자가용으로 편하게 갈 수 있지만 초등학교 4학년 때까지만 해도 읍내에서 할머니 댁이 있는 마을까지 가는 버스가 없었다. 그래서 할머니 댁에 가려면 읍내에서 택시를 타고 들어가야만 했다. 반대로 할머니 댁에서 우리 집으로 돌아갈 때면 미리 택시를 마을까지 불러야 했다. 요즘 대중화되어 있는 콜택시를 1980년대 후반에 이용했던 것이다.

이처럼 버스도 다니지 않는 마을에서 지내려면 불편한 것이 한 두 가지가 아니었다. 읍내에 가면 볼 수 있는 슈퍼도 없었고, TV도 제대로 나오지 않았다. 그럼에도 불구하고 초등학생인 내가 놀기에는 크게 불편한 건 없었다. 슈퍼가 없어서 과자를 사먹을 수 없었지만 동네 밭이나 과수원을 다니며 이것저것 따먹으면 되었고, 놀이터는 없었지만 마을 뒷산이나 추수를 끝낸 논이 놀이터여서 그 곳에서 놀다보면 지루할 틈이 없었다.

그래도 딱 한 가지 불편한 것이 있었다. 어린 시절 내가 살았던 곳이 서울이나 부산 같은 대도시는 아니었지만 중소도시에 속했다. 그래서 도시가스는 아니지만 LPG가스통을 연결해 가스를 쓸 수 있었고, 연탄을 사용하는 보일러도 있었다. 그래서 겨울철에도 마음 놓고 뜨거운 물로 머리를 감거나 세수를 하는 등 몸을 씻을 수 있었고, 난방도 쉽게 할 수 있었다.

그렇지만 시골 할머니 댁은 가스는 고사하고 보일러도 없었다. 음식을 하려면 아궁이에 마른 풀을 넣어 장작불을 붙여야 했다. 그런데 아궁이에 불을 붙여본 사람은 알겠지만 마른 풀로 불을 붙이는 것이 쉽지 않았다. 그 불이 여간해선 장작에 잘 옮겨 붙지도 않았고 시간도 오래 걸렸다. 그 때문에 명절 때마다 음식 하시던 어머니가 곤욕을 치르던 모습이 아직도 눈에 선하다. 아마도 불을 붙이는 과정이 힘들어서 그랬으리라.

아궁이의 용도는 음식을 만드는 데 사용할 뿐 아니라 난방을 할 때도 사용한다. 아궁이에 불을 붙이면 그 열이 구들장을 통해 방으로 들어가면 방이 따뜻해져서 난방이 되는 것이다. 이때 가마솥에 물을 끓여서 온수로 사용한다. 이것이 전통적인 난방과 온수를 사용하는 방식이다. 그런데 아궁이로 난방해서 온수를 사용하는 데는 한 가지 단점이 있다. 그것은 가마솥에 들어가는 물의 양이 한계가 있어서 온수를 사용하는 데 제한이 있다. 그 때문에 형제들 간에 서로 많은 양을 사용하겠다고 싸우는 경우도 종종 일어나곤 했다.

내가 어린 시절 할머니 댁에서 보고 경험했던 아궁이와 구들장은 고대로부터 내려오는 한국의 전통적인 난방 방식이다. 현대에는 아궁이와 구들장을 이용한 온돌방은 쉽게 볼 수 없지만, 이것이 완전히 사라진 것은 아니다. 단지 시대에 맞게 변화된 것이다. 아궁이가 변화된 것이 보일러다. 현대에도 여전히 보일러를 이용해 온돌방을 사용하고 있는 것이 그것을 잘 보여주고 있다.

구들장과 보일러는 난방 방식이 서로 유사하다. 구들장은 아궁이에 불을 지펴 나오는 그 열기로 난방을 하고, 보일러는 연탄·기름·가스 등의 연료를 태워 물을 끓여 그 물이 방바닥에 깔린 파이프를 따라 흐르면서 방을 따뜻하게 하는 방식이다. 이렇게 보면 보일러는 그 뿌리가 전통적인 아궁이와 구들장이라는 것을 알 수 있다.

온돌도 처음에는 눈으로 보고 몸으로 익히면서 전해져 내려왔다. 그런데 완벽하게 전할 수 없어서 기록으로 남기게 되고, 이것을 바탕으로 집을 지을 때 완벽히 재현을 할 수 있게 되었다.

기록은 잊지 않으려는 목적 외에 응용도 할 수 있게 해준다. 보일러가 바로 그렇다. 아궁이와 구들장을 이용한 온돌의 난방 방식을 현대에 맞게 응용한 것이 보일러다. 보일러의 원리가 온돌의 원리와 비슷한 것이 결코 우연이 아니다.

이외에 우리가 영화나 추리소설에서 볼 수 있는 장면도 온돌의 경우와 비슷한 사례가 있다. 영화나 추리소설에서 나타나는 가장 중요한 공통점은 누군가 범인이라는 직접적인 증거가 드러나면 24시간 안에 잡는 장면이 나온다. 이는 영화 '베테랑'에서 직접적으로 그려진다. 영화에서 재벌 3세인 범인을 특정 짓는 직접적인 증거가 나오자, 경찰 윗선에서는 오늘 안으로 잡으라고 지시한다. 이것은 엘러리 퀸의 추리소설 『이집트 십자가의 비밀』에도 나온다. 이 소설에서도 직접적인 단서가 나오고 범인을 잡는 데까지 24시간이 채 걸리지 않는다.

이러한 장면 구성의 원조는 소포클래스가 쓴 『오이디푸스 왕』에 있다. 역병이 들자 아폴론은 역병을 몰아내려면 선왕 라이오스를 죽인 사람을 죽이거나 나라 밖으로 쫓아내야 한다고 말한다. 이 말을 들은 오이디푸스는 선왕을 죽인 사람을 찾아내라고 명령을 내린다. 그런데 나오는 증거마다 오이디푸스 자신이 범인이라는 것을 알려준다. 그러던 중 “아버지를 죽이고 어머니와 결혼을 한다”는 신탁이 결정적인 증거로 채택되고, 이 증거가 가리키는 사람이 바로 오이디푸스였다. 오이디푸스는 자신이 범인임이 드러나자 두 눈을 찌른다는 내용이다. 이 과정에서 결정적인 증거가 드러나고 오이디푸스가 자신의 눈을 찌르기까지 걸린 시간이 채 하루가 걸리지 않았다.

이렇게 24시간 내에 범인을 잡는 장면이 우연처럼 나오는 것은 영화를 보는 관객이나 책을 보는 독자 입장에서 지루하지 않게 하기 위한 최적의 조건과 일치한다. 이것은 결코 우연히 만들어진 것이 아니다. 『오이디푸스 왕』에서 사용되었던 장치가 후대의 소설에서 사용되고 영화에서도 이 기법이 사용되고 있다. 이러한 장치 또한 『오이디푸스 왕』이라는 작품이 전해져 내려오고 기록을 통해 제대로 볼 수 있어서 가능한 것이다.

마찬가지로 오늘날 우리가 알고 있는 여러 학문이나 기계도 어느 날 갑자기 하늘에서 뚝 떨어진 것이 아니고 기존에 있던 것을 바탕으로 창조하고 응용한 것들이다. 지금은 우리에게 필수품처럼 된 컴퓨터도 17세기 프랑스의 수학자 블레즈 파스칼Blaise Pascal과 독일의 수학자 고트프리트 라이프니츠Gottfried Wilhelm von Leibniz의 계산기가 그 기원이다. 파스칼과 라이프니츠의 계산기는 오늘날 컴퓨터의 구조와 비슷하고, 이것을 응용해서 만든 것이 오늘날 우리가 사용하고 있는 컴퓨터이다. 이런 컴퓨터가 나온 바탕에는 바로 수학이 있었다. 최초의 컴퓨터라 불리는 '콜로서스'를 만든 앨런 튜링도 수학자이고, 우리가 사용하는 컴퓨터를 총칭하는 '폰 노이만 컴퓨터'를 고안한 요한 루드비히 폰 노이만도 수학자다. 그리고 이런 수학의 바탕에는 철학이 있었다. 피타고라스와 유클리드도 철학자이고, 파스칼과 라이프니츠도 철학자라는 것이 수학의 뿌리가 철학에 있다는 것을 보여준다. 또한 '자유주의'를 창조한 경제학자 애덤 스미스Adam Smith와 '수정 자본주의'를 창조한 존 케인즈John Maynard Keynes 역시 철학자인 것을 보면 경제학의 뿌리도 철학이라는 것을 알 수 있다.

이처럼 인간이 컴퓨터를 만들고, 경제학을 탄생시킨 데는 인간의 몸에 흐르고 있는 창조성이 있기에 가능했다. 그리고 이 창조성을 사용하고 극대화시킬 수 있었던 것은 기록이 있었기에 가능했다. 그런데 컴퓨터와 경제학의 뿌리를 찾아 거슬러 올라가면 그리스 철학자 아리스토텔레스를 만날 수 있다. 아리스토텔레스를 만난다면 그의 스승 플라톤과 소크라테스도 만나게 된다.

우리가 컴퓨터라는 기계를 만들어서 사용하고, 경제학이라는 학문을 탄생시켜 배울 수 있게 된 데는 고대 그리스의 철학자로부터 이어져오는 철학이 문자로 기록이 되어서 후대로 전해왔기 때문이다. 이렇듯 인간이 다른 생물에게는 없는 창조성을 가질 수 있었던 데는 기록이 바탕이 되어 있었기에 가능했다. 이런 인간의 창조성은 개인마다 다양한 방법으로 나타나기 때문에 표준화하고 평균값을 낼 수 없다. 바로 이런 것이 바로 인공지능시대를 살아가는 인류에게 필요한 것이다.

인간은 스스로 미래를 설계할 수 있다

The future of
artificial intelligence,
man is the answer

『징비록』은 서애 류성룡이 1592년부터 1598년까지 7년 동안 일어난 전쟁(임진왜란과 정유재란)의 원인과 전쟁 상황 등을 기록한 책이다. 우리는 이 『징비록』을 통해 420여 년 전 동북아시아를 뒤흔들었던 7년 전쟁의 참화를 살펴볼 수 있다. 비록 개인이 저술한 글이지만 류성룡이 임진왜란 당시 영의정을 지낸 인물이라는 점으로 미뤄볼 때, 누구보다 더 전쟁 상황을 자세하게 살펴볼 수 있는 위치에 있었다.

류성룡은 당시 전쟁의 컨트롤 타워 역할을 했다. 이 때문에 류성룡은 조정이 전쟁에 어떻게 대처하고 어떤 방식으로 해결책을 내놓았는지 소상하게 기록해 둘 수 있었다. 이런 점에서 『징비록』은 당시의 상황을 살펴볼 수 있는 중요한 자료로서의 가치가 있는 것이다. 『징비록』이 있었기에 후세 사람들은 이 기록을 바탕으로 당시의 전쟁 상황과 특히 조정의 상황을 정확하게 알게 됐다.

『징비록』이란 무엇인가? 임진왜란이 발생한 후의 일을 기록한 것이다. 그중에 임진왜란 전의 일도 가끔 기록한 것은, 그 전란의 발단을 규명하기 위해서다.

아아! 임진년의 전화는 참혹했다. 수십일 동안에 삼도를 지키지 못했고, 팔방이 산산이 무너져서 임금께서 수도를 떠나 피란했는데, 그러고서도 우리나라에 오늘날이 있게 된 것은 하늘이 도왔기 때문이다. 또한 선대 여러 임금님들의 어질고 두터운 은덕이 백성들 속에 굳게 결합되어, 백성들의 조국을 사모하는 마음이 그치지 않았기 때문이며, 임금께서 중국을 섬기는 명나라 황제를 감동시켜 우리나라를 구원하기 위한 군대가 여러 차례 출동했기 때문이다. 이러한 일들이 없었더라면 우리나라는 위태로웠을 것이다.

『시경』에 "내가 지난 일의 잘못을 징계하여 뒤에 환난이 없도록 조심한다"는 말이 있는데, 이것이 내가 『징비록』을 저술한 까닭이다.

나와 같이 보잘것없는 사람이 어지러운 시기에 나라의 중대한 책임을 맡아서, 위태로운 판국을 바로잡지도 못하고, 넘어지는 형세를 붙들어 일으키지도 못했으니, 그 죄는 죽어도 용서받을 수 없을 것이다. 그런데도 오히려 시골구석에서 목숨을 부쳐 구차하게 생명을 이어가고 있으니, 이것이 어찌 임금님의 너그러우신 은전이 아니겠는가.

근심하고 두려워하는 마음이 조금 진정되어, 지난날의 일을 생각하니 그때마다 황송하고 부끄러워 용신할 수 없다.

이에 한가한 틈을 이용하여 내가 귀로 듣고 눈으로 본 바, 임진년부터 무술년에 이르기까지의 일을 대강 기술하니 이것이 얼마 가량 되었고, 또 장·계·소·차자·문이와 잡록을 그 뒤에 부록했다.

비록 보잘것없지만 모두 그 당시의 사적이므로 버리지 않고 두어서, 이것으로 내가 시골에 살면서도 성심으로 나라에 충성하고자 하는 나의 간절한 뜻을 나타내고, 또 어리석은 신하가 나라에 보답하지 못한 죄를 나타내도록 할 것이다.

류성룡의 『징비록』 자서*

류성룡은 저서의 이름을 『징비록』이라고 붙인 데는 "징비란 『시경』 소비편의 '미리 징계해서 후환을 경계한다'는 구절에서

* 자서(自序): 저자가 스스로 적은 머리말을 말함.

따온 것이다"라고 했다. 이를 보면 조선을 피폐하게 만든 전쟁을 미연에 방지하지 못하고, 전쟁이 발생했을 때 효과적인 대비책을 세우지 못한 데 대한 류성룡 자신의 징계와 더불어 다시는 임진왜란과 같은 전쟁이 발생하지 않도록 대비하기 위함이라는 의도를 알 수 있다.

『징비록』에는 전쟁 당시의 상황뿐만 아니라 다시는 임진왜란 같은 전쟁이 발생하지 않도록 어떻게 대비해야 하는지도 기록하고 있다. 당파의 이익을 우선시하지 않고, 백성을 잘살게 하는 것이 우선시되어야 하고, 국방을 강화시켜야 한다는 것이다. 그리고 전쟁을 교훈삼아 다시는 이런 아픈 역사를 반복하지 않도록 해야 한다고 강조했다.

그런데 『징비록』은 류성룡의 바람과는 다르게 아픈 역사를 반복하지 않는 법뿐만 아니라 반복하는 법도 알려주었다. 류성룡은 『징비록』을 쓴 목적이 "다시는 임진왜란과 같은 전쟁이 발생하지 않도록 하기 위함"이라고 했다. 이는 "이렇게 하면 아픈 역사를 반복하지 않을 수도 있지만, 반대로 하면 아픈 역사를 반복할 수도 있다"는 의미를 담고 있기도 하다(이것은 후세에 본 관점이다). 실제로 우리는 역사에서 그런 우를 또다시 범하고 말았다.

7년 동안의 전쟁이 끝난 지 채 30년도 지나지 않은 1627년에 조선을 침공한 후금에 의해 정묘호란을 겪었고, 9년 뒤 1636년에는 병자호란을 겪었다. 이 두 전쟁은 조선이 주변국가의 상황을 면밀히 살피고 대비했다면 충분히 막을 수 있었다는 점에서 뼈아픈 것이었다. 그러나 당파싸움으로 부패한 조선은 제대로 대비하지 못해서 다시 한 번 전쟁에 휘말리게 된 것이고, 전쟁의 결과는 참혹했다. 조선의 국왕 인조가 청 태종에게 굴욕적으로 항복하는 결과를 초래했던 것이다.

여기서도 한 번 더 반성하고 대비할 시간이 있었지만 조선은 류성룡의 바람대로 되지 않았다. 그 결과로 1905년에는 외교권을 일제에게 빼앗기는 을사늑약* 을 강제로 체결하게 되고, 1910년에는 주권마저 일제에게 빼앗기게 되어 식민지로 전락하게 되는 결과를 초래했던 것이다.

이런 조선과는 반대로 기록을 통해 미래를 긍정적으로 개척한 예도 있다. 그것은 독일에서 찾아볼 수 있다. 독일의 역사에서 나치시대는 치욕의 역사이다. 나치는 제2차 세계대전을 일으키고 유대인학살 등 끔찍한 결과를 초래했다. 전쟁이 끝난 후 독일은 이 치욕적인 나치의 기록을 통해 그 상황이 어떠했는지, 무엇이 수백만 명의 유대인을 학살하게 만들었는지 배우고 있다. 그리고 이런 치욕의 역사를 반복하지 않기 위해 현재까지도 나치에 가담

* 1905년 을사늑약은 국왕인 고종의 승인이 없이 강제로 진행된 불법적인 조약이다.

했던 사람들을 처벌하고 뼈저리게 반성하고 있다. 그 결과 지금은 나치로 인해 직접 피해를 봤던 유대인의 나라 이스라엘은 물론 전 세계 여러 나라와 좋은 관계를 맺고 보다 나은 미래를 개척해 가고 있다.

조선과 독일의 선택은 기록을 보고 배워서 어떤 선택을 하느냐에 따라 미래가 달라질 수 있다는 것을 보여주는 좋은 사례이다. 이렇게 미래를 설계할 수 있는 것은 인간만이 가능하고, 이것이 인간만이 가지는 고유한 특징이다.

인문학은
인간만의 고유한
유산이다

The future of

artificial intelligence,

man is the answer

우리가 박물관이나 유적지에서 볼 수 있는 문화유산들 중 특별하고 고유한 것은 범인류적 차원에서 문화유산과 기록유산으로 지정해서 보호하고 있다. 이러한 문화유산에는(유네스코에서 지정해서 보호하든 안 하든) 인류의 지나온 역사와 그 민족만의 특별함이 녹아 있다.

인류는 예로부터 여러 방법으로 문화유산을 보존하고 후대에 전하려고 애썼다. 작게는 한 집안의 가풍이나 그 집안 내력을 기록한 책 등도 후대에 전하기 위해 노력했다. 후손 대대로 물려주고자 하는 것은 그 안에 그 가문만의 독특한 특징이 있기 때문이다. 이러한 것은 인류가 지구상의 다른 생물들과 비교해 인류만이 가진 고유한 것을 보존하고 후대에 전승하려는 것과 같은 이치이다. 잊지 않기 위해 기록하고 보존하려는 것이다. 만일 인간이 망각하지 않고 인공지능 컴퓨터처럼 영원히 기억한다면 기를 써서 문화유산을 보존하고 전승하려 하지는 않을 것이다.

인류가 문화유산을 보존하고 전승하려는 또 하나의 이유는 그것이 특별한 것이기 때문이다. 이것은 우리가 생활하면서 특별한 상황은 계속해서 기억하고 싶어 하는 특징과 연관이 있다. 지난 2002년 한·일 월드컵에서 우리나라 축구 국가대표팀이 4강에 올랐던 때를 떠올려보자. 그 시대를 살았던 사람은, 적어도 그때의 일을 기억할 수 있는 연령대의 사람이라면 지금도 그때의 느낌을 생생하게 기억할 것이다. 우리가 2002년 월드컵을 생생하게 기억하는 이유는 특별한 경험이라서 그렇다.

2002년 월드컵이 매우 특별한 경험이었기에 우리에게 이것을 후대에도 물려주기 위해 영상과 문서 등으로 기록하고 보존한다. 그것은 2002년 당시를 살았던 사람들이나 2002년 당시 태어나지도 않았던 세대들도 기록을 보고 그때 온 국민이 즐거워했던 상황을 느낄 수 있도록 하기 위함이다.

이와 마찬가지로 문화유산도 인류에게 특별한 것이기 때문에 보존하여 후대에 전하려는 것이다. 이렇게 스스로 문화유산을 만들고 후대에 전승하는 것은 오직 인간만이 할 수 있는 고유 영역이다. 인공지능은 자료를 보존할 수 있지만 어떤 것을 보존하고 전승할 만할 가치가 있는지 판단할 능력이 없다. 인공지능은 기록이 내부에 저장되어 있어서 그것을 보존하고 있는 것처럼 보이는 것이지 어떠한 목적을 가지고 보존하는 것은 아니다.

그렇지만 인간은 어떤 것이 특별하고 어떤 것이 평범한 것인지 판단하고, 만일 그것이 특별한 것이라고 판단되면 그것을 보존하고 후대에 전승하기 위해 더욱 노력한다. 또한 이를 토대로 응용해서 새로운 것을 창조하기도 한다. 아궁이와 구들장을 통해 보일러를 탄생시킨 것이 대표적이다. 특별한 것을 보존하고 전승하는 것, 나아가서 그것을 바탕으로 응용하는 것은 인간만이 가지는 고유한 특성이다. 인공지능시대에는 이러한 인간만이 가지고 있는 강점을 극대화하는 분야를 특화시켜야 할 것이다.

3장

[인공지능의 미래, 인간만의 특성을 살려라]

THE FUTURE OF
ARTIFICIAL INTELLIGENCE,
MAN IS THE ANSWER

시간의 걸음에는 세 가지가 있다.
미래는 주저하며 다가오고, 현재는 화살처럼 날아가고,
과거는 영원히 정지하고 있다.

프리드리히 실러

동물을 주제로 한 다큐멘터리를 시청하다 보면 호랑이가 먹잇감을 사냥할 때, 먹잇감이 되는 동물 근처까지 은밀하게 접근한 후 순간의 기회를 포착해서 사냥하는 장면을 볼 수 있다. 그것은 청각이 발달한 초식동물에게 자신의 정체를 들키지 않아야 사냥을 수월하게 할 수 있기 때문이다. 호랑이가 은밀하게 접근할 수 있는 데는 발바닥이 부드러운 쿠션처럼 되어 있고, 발톱을 숨길 수 있는 신체구조를 가지고 있어서이다. 이런 호랑이의 신체적 구조가 초식동물에게 존재를 들키지 않고 다가가게 할 수 있는 것이다. 호랑이가 가지고 있는 이런 신체적 구조는 고양잇과 동물들이 가지고 있는 고유의 특징이다.

이처럼 고양잇과 동물들이 오랜 기간 생존해 올 수 있었던 것은 그들만이 가지고 있는 고유한 특성을 극대화시켰기 때문이다. 만약 호랑이가 발톱을 숨기지 않고 사냥한다면 어떻게 되었을까? 아마도 먹이를 사냥하지 못해 멸종되었을지도 모른다.

이러한 것은 인간이라고 예외일 수 없다. 인간이 오늘날과 같은 수준 높은 문명을 만들 수 있었던 데는 인간만이 가지고 있는 고유한 특성을 극대화시켰기에 가능했다. '인간은 생각하는 갈대'라고 말한 블레즈 파스칼Blaise Pascal의 말처럼 생각하는 것은 인간만이 가진 고유한 특성이다. 인간은 생각하는 특성을 가지고 있기에 농사를 짓고, 짐승을 길들일 수 있게 된 것이다. 또한 인간은 도구를 만드는 것을 생각해냄으로써 여러 가지 물건들을 만들어 사용할 수 있었다.

이런 인간의 특성은 위기에서 더 빛이 났다. 기후변화로 열매와 동물이 줄어들자, 이들을 직접 키워서 안정적으로 식량을 공급하며 위기에서 벗어났다. 우리는 이 시기를 '신석기혁명'이라고 부른다.

'신석기혁명' 이후 18세기에 인간은 또 한 차례 위기를 맞이하게 된다. 그것은 1차 산업혁명의 도화선이 된 증기기관의 발명이다. 그동안 공장에서 인간이 직접 손으로 생산하는 방식인 '공장제 수공업'에서 기계로 대량생산을 하는 '공장제 기계공업'으로 패러다임이 바뀐 것이다. 이로 인해 공장에서는 이전처럼 많은 사람을 고용할 필요가 없어졌고, 사람들은 직장을 잃고 굶어 죽을 위기에 처했다.

그렇지만 인간은 이 위기에서 인간만이 가지고 있는 고유한 특성을 극대화시켰다. 이 시기 인간은 '교육', '의료', '서비스'와 같은 새로운 직업군을 만들어 고용을 창출하며 위기에서 벗어났다. 이 시기 나타난 새로운 직업군은 인간만이 할 수 있고, 생각해야 된다는 인간만의 특성으로 이겨낸 것이다.

이런 것은 4차 산업혁명시대라고 해서 예외일 수 없다. 많은 전문가들이 그동안 인간이 하던 일의 90%가 인공지능으로 대체될 것이라고 예상하고 있다. 이런 상황 속에서 위기를 벗어나려면 인간만이 가진 고유한 특성을 잘 살려야 한다고 조언한다. '심리에 관련된 일', '창의와 융합하는 일' 등 4차 산업혁명시대에 인공지능으로 대체될 수 없는 일자리의 공통점이 '생각한다'는 인간만이 가진 고유한 관점에 시선을 둔 것만 봐도 알 수 있다.

그동안 지나온 인간의 역사를 볼 때, 인간은 위기 때마다 인간만이 가진 고유한 특성으로 극복해왔다. 이런 점은 인공지능시대에도 마찬가지일 것이다.

인간의 특성은 인간다움이다

The future of

artificial intelligence,

man is the answer

인간의 특성은 그것이 다른 생물과 구분되기에 인간 고유의 특성이라 하며, 이를 연구하는 학문도 따로 존재한다. 우리는 인간과 다른 생물체의 공통점을 연구하는 학문을 생물학이라 부르고, 인간만의 특성을 연구하는 학문을 인문학이라고 한다. 인간이 다른 생물체와 비교해서 인간만이 가진 고유한 특징이 있고, 이것이 인간을 연구하는 데 아주 중요한 것이기에 '인문학'이라는 학문이 나온 것이다.

인문학이 인간의 특성을 다룬다는 것을 보여주는 여러 가지 이유가 있다. 그 첫 번째는 인문학이 인간의 생각에 관한 것을 다룬다는 점이다. 인간은 스스로 생각하고 개개인의 생각이 각자 다름을 정리해서 '사상'으로 체계화시켰다. 유가 사상과 도가 사상이 다른 것은 기본적으로 그들이 인간에 관해 가진 생각이 다르다는 것이 바탕이 되어 있다. 이것은 공자를 통해 잘 드러난다.

자로가 여쭈었다.

"위나라 임금이 선생님을 모시고 정치를 한다면, 선생님께서는 장차 무엇을 먼저 하시겠습니까?

공자께서 말씀하셨다.

"반드시 명분을 바로잡겠다."

자로가 말했다.

"그런 것도 있습니까? 세상물정 모르시는 선생님이시여! 어째서 그것을 바로잡겠다고 하십니까?"

공자께서 말씀하셨다.

"어리숙하구나, 유(자로)야! 군자는 자기가 알지 못하는 것에 대해서는 대체로 가만히 내버려두는 것이다. 명분이 바르지 못하면 말이 사리에 맞지 않고, 말이 사리에 맞지 않으면 일이 이루어지지 않고, 일이 이루어지지 않으면 예와 음악이 흥성하지 못하고, 예와 음악이 흥성하지 못하면 형벌이 적절하지 않고, 형벌이 적절하지 않으면 백성들은 살아갈 방도가 없다. 그러므로 군자는 명분을 세우면 반드시 그에 대해 말할 수 있고, 말하면 반드시 실천할 수 있다. 군자는 그 말에 대해서 구차히 하는 일이 없어야 할 것이다."

『논어』 자로 중에서

노래자의 제자가 땔나무를 하러 나갔다가 도중에 공자를 만나고 돌아와 말했다.

"저기에 한 사람이 있는데, 윗몸은 길고 아랫몸은 짧으며 등은 곱사등이에다 귀는 머리 뒤편에 붙어 있습니다. 그러나 눈길은 온 세상을 두루 보고 있는 듯했습니다. 그가 누구인지 알지 못하겠습니다."

노래자가 말했다.

"그가 공자다. 불러 오너라."

공자가 오자 노래자가 말했다.

공구(공자의 본명)여! 그대 몸의 오만함과 그대 얼굴의 지혜로운 듯한 모양을 버려라! 그래야만 군자가 될 것이다."

공자는 읍하고 물러서서 송구스러운 듯 용모를 바로잡고 물었다.

"그러면 저의 학업도 발전할 수 있겠습니까?"

노래자가 말했다.

"그대는 일세의 혼란을 참지 못하고 만세의 환난은 가볍게 보고 있다. 그렇지 않으면 본시 그대의 재능이 형편없는 것일까? 지략이 없어서 진실에 미치지 못하는 것일까? 당신은 신이 나서 그렇게 하고 있겠지만 평생의 치욕이 될 것이다. 보통 사람들의 행동은 영향을 받기 쉬운 것이다. 서로 명성을 위하여 끌어당기며, 서로 사욕 때문에 맺어지는 것이다. 요임금을 칭송하고 걸왕을 비난하느니보다는 차라리 칭송과 비난을 멈추고 성인과 폭군의 존재를 다 잊어야만 할 것이다. 본성을 어기면 손상 받지 않은 일이 없을 것이다. 시심에 의하여 움직이면 그릇되지 않은 일이 없을 것이다. 성인이란 조심하면서 일함으로써 언제나 성공하는 것이다. 어찌할 것인가? 당신의 행위는 끝내 교만하기만 한데!"

『장자』 '우리 밖의 일과 물건' 중에서

유가의 대표저서 『논어』와 도가의 대표저서 『장자』를 보면 공통적으로 등장하는 인물이 바로 '공자'이다. 유가의 공자는 두말할 것 없이 유학의 창시자이자 유학을 공부하는 사람들이라면 본받고자 하는 대상이다. 그렇지만 도가의 공자는 주로 망신당하고 논쟁에서 지는 인물로 묘사되어 있다. 아이러니하게도 도가에서의 공자는 도가사상을 합리화하는데 조연 역할밖에 하지 못하는 것이다. 이것은 유가와 도가의 사상이 서로 다르다는 것을 보여주는 단적인 예다. 도가에서는 그것을 '공자'라는 공통분모를 통해서 부각시키고 있는 것이다(그렇다고 도가에서 공자를 폄하하는 것은 절대 아니다). 유가와 도가에서 '공자'라는 공통분모를 통해 보여주고자 하는 것은 일차적으로 그들의 사상이고, 여기에는 인간의 생각에 관한 것이 담겨 있다. 이외의 많은 철학자가 유가와 도가에서처럼 그들이 남긴 저서를 통해 '인간에 관한 것'들을 전하고자 했다.

두 번째로는 인문학이 인간이 지나온 길, 즉 역사를 보여준다는 점이다. 우리가 역사를 배울 때 고구려·조선·명나라·로마제국 등으로 나눠서 배운다. 이렇게 역사를 나눈 데는 철저하게 인간의 기준을 바탕으로 한다. 주몽이 나라를 세우고 이름을 '고구려'라고 해서 역사에 '고구려'라고 기록된 것이나, 명나라는 나라를 세운 주원장이 나라 이름을 '명'이라고 해서 역사에 기록된 것은 인간의 기준으로 정한 것이다. 이처럼 인간이 정한 기준대로 인간이 살아온 것을 기록한 것이 역사이다. 우리가 역사 시간에 배우는 교재를 보면 예외 없이 인간에 관한 것이 주된 내용인 것은 이 때문이다.

인정전에 나아가서 문과 책문의 제를 내었다. 왕은 이렇듯 말하노라. "예로부터 제왕이 정치를 함에는 반드시 일대의 제도를 마련하는 것이니, 방책에 살펴보면 이를 알 수 있다. 전제의 법은 어느 시대에 시작되었는가. 하후씨는 공법으로 하고, 은인은 조법으로 하고, 주인은 철법으로 한 것이 겨우 전기에 나타나 있는데, 삼대의 법을 오늘날에도 시행할 수 있겠는가. (…) 명나라에서 문득 옛 제도를 따라 하후씨의 공법을 채택하였다 해서, 어찌 그것이 행하기가 편리하고 쉽다고만 할 것인가. (…) 조법은 반드시 정전을 행한 후에야 시행되므로, 역대의 중국에서도 오히려 또한 시행되지 않았는데, 하물며 우리나라는 산천이 험준하고 고원과 습지가 꼬불꼬불하여 시행되지 못할 것이 명백하였다. 공법은 하나라의 책에 기재되어 있고, 비록 주나라에서도 또한 조법이 있어서 향과 수에는 공법을 사용하였다고 하나, 다만 그것이 여러 해의 중간을 비교하여 일정한 것을 삼음으로써 좋지 못하다고 이르는데, 공법을 사용하면서 이른바 좋지 못한 점을 고치려고 한다면, 그 방법은 어떻게 해야 하겠는가. (…) 맹자는 말하기를, '인정은 반드시 경계로부터 시작된다'라고 하였으며, 유자는 말하기를, '백성이 유족하면, 임금이 어찌 부족하겠는가'라고 하였다. 내가 비록 덕이 적은 사람이나 이에 간절히 뜻이 있다. 그대들은 경술에 통달하고 정치의 대체를 알아 평일에 이를 강론하여 익혔을 것이니, 모두 진술하여 숨김이 없게 하라. 내가 장차 채택하여 시행하겠노라." 하였다.

『세종실록』 중에서

여불위는 한나라 양적 출신의 큰 상인이다. 여러 곳을 오가며 물건을 싸게 사 비싸게 파는 식으로 천금의 재산을 모았다. 진 소양왕

40년, 진나라 태자가 조나라에 볼모로 가 있다가 죽었다. 진 소양왕 42년, 둘째 아들 안국군을 태자로 삼았다. 안국군의 아들은 스무 명이 넘었다. 안국군은 총애하는 희첩을 정부인으로 세운 뒤 화양부인이라고 불렀다. 화양부인에게는 아들이 없었다. 안국군의 둘째 아들은 이름이 자초다. 자초의 생모는 하희다. 그녀는 총애를 받지 못했다. 자초가 조나라에 볼모로 간 이유다. 진나라가 누차 조나라를 친 까닭에 조나라는 자초를 그다지 예우하지 않았다. 자초는 진나라의 많은 서얼 가운데 한 사람에 지나지 않은 데다 볼모로 끌려간 까닭에 거마와 재물이 넉넉지 못했다. 곤궁에 처해 의기를 잃은 이유다. 하루는 여불위가 조나라 도성 한단으로 물건을 사러 갔다가 자초의 처지를 알고는 불쌍히 여겨 이같이 말했다.

"이는 진귀한 재화로 사둘만하다."

그러고는 자초를 찾아가 말했다.

"나는 그대의 가문을 크게 만들어줄 수 있습니다."

자초가 웃으며 말했다.

"먼저 그대의 가문을 크게 만든 뒤에 내 가문을 크게 만들어주시오."

사마천의 『사기열전』 여불위전 중에서

역사서 『세종실록』과 사마천의 『사기열전』 중 일부이다. 이 역사서의 주요 내용은 사람에 관한 것이다. 『세종실록』에 나오는 세법은 경제 분야이기도 하지만 세법에 찬성하는 것도 인간이고, 반대하는 것도 인간이다. 그 때문에 인간이 중심일 수밖에 없다. 사마천의 『사기열전』 또한 인물에 관한 기록이기 때문에 당연히 인간 중심일 수밖에 없다. 역사서는 그 시대의 정치·경제·전쟁 등의 상황을 기록한 책이다. 역사서에 기록된 내용은 인간을 중심으로 서술되어 있기 때문에 역사도 '인간에 관한 것'이라는 데 이의가 없다.

세 번째로는 인문학은 인간의 삶을 보여준다는 점이다. 이것은 문학작품에서 잘 나타난다. 문학작품의 주제가 인간의 삶에 관한 것을 보면 알 수 있다. 물론 『이솝우화』 같은 것은 주인공이 동물이긴 하지만 이것도 자세히 들여다보면 인간을 동물에 의인화시킨 책이다. 『이솝우화』 역시 인간에게 교훈을 주는 내용을 담고 있다. 이처럼 인간을 주인공으로 하든 동물을 주인공으로 하든 문학작품 속에는 인간의 삶이 녹아들어 있다.

어른들의 말이, 내일 소녀네가 양평읍으로 이사 간다는 것이었다. 거기 가서는 조그마한 가겟방을 보게 되리라는 것이었다.

소년은 저도 모르게 주머니 속 호두알을 만지작거리며, 한 손으로는 수없이 갈꽃을 휘어 꺾고 있었다.

그날 밤, 소년은 자리에 누워서도 같은 생각뿐이었다. 내일 소녀네가 이사하는 걸 가 보나 어쩌나. 가면 소녀를 보게 될까 어떨까.

그러다가 문득 잠이 들었는가 하는데,

"허 참, 세상일두……"

마을갔던 아버지가 언제 돌아왔는지,

"윤 초시댁두 말이 아니어. 그 많던 전답을 다 팔아버리구, 대대루 살아오든 집마저 남의 손에 넘기더니, 또 악상꺼지 당하는 걸 보면……"

남포불 밑에서 바느질감을 안고 있는 어머니가,

"증손이라곤 기집애 하나뿐이었지요?"

"그렇지, 사내애 둘 있든 건 어려서 잃구……."

"어쩌면 그렇게 자식복이 없을까."

"글세 말이지. 이번 앤 꽤 여러 날 앓는 걸 약두 변변히 못 써 봤다드군. 지금 같애서는 윤 초시네두 대가 끊긴 셈이지. 그런데 참, 이번 기집애는 어린것이 여간 잔망스럽지가 않어. 글쎄 죽기 전에 이런 말을 했다지 않어? 자기가 죽거든 자기 입은 옷을 꼭 그대루 입혀서 묻어 달라구."

황순원의 『소나기』 중에서

황순원의 『소나기』는 소년과 소녀의 애틋한 감정에 대한 이야기다. 소녀의 죽음으로 이루어지지 못한 사랑을 이야기하고 있다. 『소나기』에서 말하는 사랑은 종족번식이 목적이 아니라, 그 너머에 있는 인간만이 할 수 있는 사랑을 보여준다. 그것을 '이루어질 수 없는 지고지순한 사랑'으로 표현하고 있는 것이다.

『소나기』에서는 소년과 소녀의 사랑뿐만 아니라 인간의 삶도 보여준다. 작품 속의 배경 묘사나 인물 간의 대화를 통해 인간의 삶을 엿볼 수 있다. 문학 작품이 인간을 중심으로 한 인간의 삶을 보여주기 때문에 '문학'도 인간다움을 보여주는 '인간의 특성'이라고 할 수 있다. 하지만 인공지능은 '기계다움'을 보여줄 수 있을지언정 '인간다움'을 보여줄 수 없다는 한계가 있다. 인간다움이 인간만의 고유한 특성이기에 다른 동물도, 인공지능도 흉내 낼 수 없는 것이고, 이것이 인공지능시대에 주목을 받는 이유인 것이다.

인간은 감정을 읽을 줄 아는 존재

The future of artificial intelligence, man is the answer

기쁨喜·노여움怒·슬픔哀·즐거움樂·사랑愛·미움惡·욕심慾은 인간이 느끼는 일곱 가지 감정으로 '칠정七情'이라고 한다. 이 일곱 가지는 인간이 인생을 살면서 보고 느낄 수 있는 감정을 모두 표현하고 있다. 이 칠정은 인간이 겪은 오랫동안의 경험이 바탕이 된 것이다.

우리는 칠정을 빼놓고 인간의 생활에 대해 이야기할 수 없다. 황홀함은 기쁨이 바탕이 되고, 불쌍함은 슬픔이 그 바탕이 된다. 이는 인간이 근본적으로 감정을 가지고 표현할 줄 아는 존재이기 때문에 가능하다. 그래서 일곱 가지 감정을 정확하게 문자로 표현하고, 이것을 바탕으로 정확하게 감정을 알 수 있다. 해맑게 웃는 모습을 보면 기쁘다는 것을 알고, 얼굴의 표정이 굳어지면 기분이 좋지 않다는 것을 누구라도 알 수 있게 된다.

인간은 다른 동물의 감정도 읽을 수 있다. 우리는 개와 고양이가 같이 있을 때 가끔씩 싸우는 모습을 본다. 개와 고양이가 싸우는 근본적인 이유는 감정을 표현하는 방법도 다르지만 서로의 감정을 읽을 수 없기 때문이다. 개가 꼬리를 흔들고 있으면 기분이 좋고 싸울 의사가 기본적으로 없다는 뜻이다. 그렇지만 고양이의 경우는 꼬리를 흔드는 게 상대를 경계한다는 뜻이다. 이 상황에서 개가 고양이에게 꼬리를 흔들고 다가가면 고양이가 공격하면서 서로 싸움이 발생하는 것이다. 이처럼 개와 고양이가 서로 싸움하는 이유는 몸짓으로 표현되는 감정이 다르기 때문이기도 하지만, 인간처럼 스스로 경험을 통해 학습하고 생각하며 응용할 수 있는 능력이 없어서이다.

그래서 인간은 개와 고양이가 같은 장소에 있을 때 미리 격리시켜 싸움을 미연에 방지한다. 이는 인간이 개와 고양이와는 다르게 경험을 통해 배우고 이것을 응용할 수 있는 능력이 있기 때문이다. 인간이 경험을 통해 보고, 듣고, 느낀 감정을 기록함으로써 정확하게 표현하는 것은 동물뿐만 아니라 인공지능도 따라 할 수 없는 인간 고유의 특성이다. 인간은 오감五感을 통해 얻은 정보를 뇌가 종합해서 판단하고 최종적으로 '기쁘다', '슬프다'는 감정을 표현한다. 반면 인공지능은 사람이 가지고 있는 감각이 없기 때문에 감정을 표현하지 못한다.

인간은 같은 상황을 보고도 서로 다른 감정을 느끼기도 하지만, 인공지능은 이런 능력이 없다. 우리는 머리를 감거나 샤워할 때 같은 온도의 물이라도 상황에 따라 다르게 반응한다. 같은 15℃의 물이라도 한여름 무더운 날씨에 느끼는 것과 한겨울 추운 날씨에 느끼는 것에는 차이가 있다. 한여름 무더운 날씨에 15℃의 물로 샤워를 하면 아마 끓는 물처럼 뜨겁게 느낄 것이고, 반면 한겨울 추운 날씨에 15℃의 물로 샤워를 한다면 미지근하게 느낄 것이다. 이렇게 같은 15℃의 물이라도 계절에 따라 느낌이 다른 것은 계절에 따른 인간의 촉각이 다르기 때문이다.

인공지능에게 15℃의 물은 한여름이나, 한겨울이나 그냥 미지근한 물일 뿐이다. 인공지능이 인간처럼 같은 15℃의 물을 상황에 따라 다르게 느낄 수 없는 이유는, 근본적으로 사람처럼 복잡한 감정을 느끼고 표현할 수 없기 때문이다. 인공지능도 '악하다', '좋다' 등 단순한 감정은 느끼지만, 인간처럼 적과 전투 중에 "내가 왜 전쟁을 하고 있지?", "전쟁만 아니면 좋은 친구가 되었을 텐데" 등과 같은 복잡한 감정은 느낄 수가 없다. 인간이 복잡한 감정을 표현할 수 있는 것은 인공지능보다 외부환경에 더 민감하게 반응하기 때문이다.

감정을 가지고 표현할 수 있는 능력 면에서, 인간이 인공지능보다 우위에 있다는 것을 잘 보여주는 것이 바로 문학작품이다. 인간이 창조해낸 문학작품 속에는 다양하고 복잡한 감정이 잘 나타나 있다. 셰익스피어의 『로미오와 줄리엣』에는 애절한 사랑이야기가, 『흥부와 놀부』에는 권선징악의 이야기가, 『토끼와 거북이』에는 끝날 때까지 끝난 것이 아니라는 메시지가 담겨 있다. 이처럼 문학작품마다 담고 있는 메시지가 다른 이유는 그만큼 인간이 느끼는 감정이 다양하다는 뜻이다.

인간의 다양한 감정은 문학작품뿐만 아니라 음악에서도 잘 나타난다. 베토벤의 교향곡 5번 '운명'에는 귀가 들리지 않는 베토벤의 슬픈 운명이 담겨 있다. 반면 같은 베토벤이 작곡한 교향곡 9번 '합창'의 '환희의 송가' 부분에는 엄청난 환희가 담겨 있다. 이렇게 음악마다 담겨 있는 감정이 다른 이유는 음악에 인간의 감정이 녹아들어 있기 때문이다. 같은 문학작품과 음악이라도 어떤 상황에서 보고 듣느냐에 따라 다른 느낌을 갖는 경우도 있다.

아리랑 아리랑 아라리요
아리랑 고개로 넘어간다.
나를 버리고 가시는 님은

십리도 못가서 발병난다.

민요 '아리랑' 중에서

우리가 잘 아는 민요 아리랑이다. 가사만 본다면 아리랑은 분명 슬픈 느낌이 있다. 일제강점기에 불렀던 아리랑을 들어보면 우리 민족이 처했던 슬픈 상황을 그대로 느낄 수 있다. 춘사 나운규의 영화 '아리랑'이 슬픈 이유도 같은 이유다. 하지만 같은 아리랑이라도 지난 2002년 한일 월드컵 때 응원하며 불렀던 아리랑은 기쁨의 아리랑이었다. 아리랑처럼 같은 가사를 가지고 같은 가락으로 부르는 노래가 상황에 따라 다른 느낌을 가지는 것은 인간의 뇌가 상황에 따라 다양한 감정을 표현할 수 있기 때문이다. 이것이 만약 인공지능이라면 상황에 따라 같은 '아리랑'을 가지고도 다른 느낌이 나게 부를 수는 없을 것이다. 이는 인공지능이 근본적으로 감정을 가질 수 없고 감정을 다양하게 표현을 할 수 없기 때문이다. 감정을 가지고 그것을 다양하게 표현하는 것은 인간이 경험을 통해서 얻은 산물이다.

인간은 지나온 길을 통해 스스로 학습한다

The future of

artificial intelligence,

man is the answer

지구상의 생물들이 어떻게 진화해왔는지 우리가 직접 확인할 수 있는 것은 화석을 통해서이다. 화석 연구를 통해 생물들이 어떤 방법으로 진화했는지, 급격한 환경 변화에서 어떻게 살아남았는지 추측할 수 있다. 이를 통해 생물의 진화를 조각 맞추듯 연구하는 것이다. 인류도 마찬가지다. 초기의 인류는 오스트랄로피테쿠스·네안데르탈인·자바원인 등 화석을 통해 어떻게 진화해서 오늘날에 이르렀는지 연구할 수 있다. 초기 인류를 화석을 통해 연구할 수밖에 없는 이유는 이들이 살았던 시기가 도구를 사용하기 전이기 때문이다.

그러던 것이 인류가 도구를 사용하기 시작하면서 곳곳에 흔적을 남겨 놓았다. 뗀석기나 간석기 등의 도구, 토기 등의 저장 용기, 식물의 씨앗이나 동물의 뼈, 집을 짓고 살았던 주거흔적 등이 그것이다. 이러한 흔적은 화석으로만 연구했을 때와 비교해서 더 자세하게 인류의 진화를 연구할 수 있다. 인류가 남긴 흔적을 바탕으로 그 시기의 기후와 생활상은 물론 신체적 진화뿐만 아니라 사회적 진화까지 연구할 수 있다. 그렇다고 해서 이 시기의 연구가 완벽하게 이루어질 수는 없다. 앞선 시기보다는 여러 면에서 발전했지만, 문자를 사용하기 이전의 선사시대여서 근본적으로 연구하는 데 한계가 있었다. 단순히 유적이나 유물 또는 벽화로만 그 시기의 상황을 추측할 수 있을 뿐이다. 이 때문에 문자로 기록했던 시기보다 몇 배나 긴 선사시대 인류의 진화 과정을 연구하는 데는 어려움이 있는 것이다.

구석기·신석기시대를 지나 문자를 사용하고 기록하면서 그 이전과 비교해서 인류는 엄청나게 빠른 속도로 진화할 수 있었다. 이를 토대로 연구자들은 앞선 시대와 비교할 수 없을 정도로 자세하고 방대하게 연구할 수 있게 되었다. 인류는 문자를 사용해 기록하면서 선사시대와 비교가 되지 않을 정도로 많은 흔적을 남겨 놓았다. 이것을 바탕으로 인류의 역사가 어떻게 흘렀는지, 그 과정에서 인류가 어떤 방식으로 진화하고 발전해왔는지 구체적으로 알 수 있다.

또 우리는 기록을 통해 인류의 진화와 발전 방향을 연구하는 것을 넘어 이를 어떻게 활용하고, 앞으로 어떤 방향으로 발전시킬지도 생각할 수 있다. 이를 다르게 말한다면 기록을 통해 미래를 설계할 수 있다는 것이다. 기록을 통해 앞선 시대를 연구하는 것은 기록에 나타난 시대의 환경이나 생활상, 정치, 경제, 등 역사를 연구하는 목적도 있지만, 이를 통해 응용해서 미래를 설계하기 위한 목적도 있다.

예를 들어 류성룡의『징비록』을 통해 임진왜란 당시의 시대 상황과 전쟁 상황을 알 수 있는 것은 역사를 연구하는 것이다. 이에 그치지 않고『징비록』을 통해 다시는 전쟁이라는 아픈 상황을 맞이하지 않기 위해서 어떻게 해야 되는지를 연구하는 것은 미래를 설계하는 것이다. 이처럼 문자를 사용한 기록은 인류가 진화해온 것을 담고 있는 인간만의 특징이다. 이는 기록이 바로 인류 진화를 보여주는 자산이기에 역사적 연구뿐만 아니라 미래를 개척할 수 있는 토대가 되는 것이다.

기록을 통해 인류가 미래를 개척할 수 있는 것은 앞선 시대의 기록이 죽은 기록이 아니라 현재에도 살아있는 기록이기 때문이다. 우리가 앞선 시대의 기록을 통해 시대적 상황을 살펴볼 때 오늘날 우리가 처한 상황과 비슷한 장면을 볼 수 있다. 우리는 오늘날과 비슷한 과거의 상황을 기록을 통해 보면서 앞선 시대의 여러 가지 선택 사항 중 최종적으로 선택한 것이 어떤 결과를 초래했는지 알 수 있다. 이때의 선택이 좋은 결과를 가져온 선택이었다면 그 선택을 그대로 따라할 것이고, 반대로 좋지 않은 결과를 가져온 선택이었다면 좋지 않은 결과를 반복하지 않는 방향으로 미래를 설계하도록 방향을 잡아갈 것이다. 이렇게 우리가 스스로 응용할 수 있는 것도 앞선 시대의 기록이 있었기에 가능했다.

인공지능은 아무리 인간을 모방하고, 어떤 부분에서는 인간을 뛰어넘는 경우가 있다고 해도 근본적으로 스스로 환경의 변화에 적응을 하거나 진화할 수 없는 존재이다. 이 때문에 인공지능은 어떠한 진화의 기록을 남길 수 없고, 이를 바탕으로 응용하거나 미래를 설계하는 등의 일은 할 수 없다. 예를 들어 최근 나온 KT의 '기가 지니'나 SK텔레콤의 '누구NUGU'는 인공지능 기반의 시스템이다. 이들은 인간과는 달리 자신이 어떤 존재인지, 그리고 어떤 과정을 거쳐서 인간의 음성을 인식하게 되었는지 알지 못한다. 이런 것은 '기가 지니'나 '누구NUGU'가 스스로 기록할 수 없기 때문이다. 인간이 중요하다고 생각하면 반드시 기록하는 것과는 대조적이다. 인공지능은 스스로 자신의 진화과정에 관한 것을 기록할 수 없기에, 인간처럼 기록을 토대로 '어떤 방식으로 미래를 설계할지'에 대해서 생각할 수 없다.

또한 인공지능은 인간처럼 스스로 환경에 적응을 하고, 기존의 것을 응용하는 능력이 없다. 내가 '기가 지니'나 '누구NUGU'에게 "나 오늘 기분이 꿀꿀해. 신나는 음악 좀 틀어봐"라고 하면 신나는 음악을 찾아서 틀어준다. 물론 이런 것은 인간이 말한 문장의 의미가 정확하기에 가능하다. 그런데 영화 '황산벌'에 나온 백제군처럼 '거시기'라는 단어를 사용해서 앞의 명령을 "나 오늘 기분이 거시기 하니까 거시기 한 음악 좀 틀어봐"라고 하면 인간은 상대의 표정이나 말투를 읽고 '기분이 꿀꿀하니까. 신나는 음악을 틀어줘야겠다'고 판단하고 신나는 음악을 찾아서 틀어준다. 인공지능은 '거시기'라는 의미를 몰라 판단하지 못한다. 여기에다 앞의 '거시기'와 뒤의 '거시기'가 의미하는 것이 다르다면 더 혼란스러울 것이다. 이런 것은 컴퓨터가 명확한 의미를 가진 단어만 인식하기 때문이다.

우리는 영화 '황산벌'에서 백제군이 '거시기'라는 말이 들어 갈 수 있는 곳에 '머시기'라는 말을 넣어서 사용하는 것처럼 응용하는 것이 가능하다. 아무리 '거시기'와 '머시기'를 혼합한다고 해도 앞뒤의 문맥과 말하는 사람의 표정을 보면 어떤 의미인지 판단할 수 있다. 인공지능은 '거시기'와 마찬가지로 '머시기'도 명확한 뜻을 가진 단어가 아니기에 그것이 무엇을 뜻하는지 판단할 수 없다. 두 단어를 섞어서 말하면 그 의미를 제대로 파악하지 못한다.

만약 인공지능에게 '거시기'라는 단어를 입력한다면 이를 설명하는 것을 모두 입력해야 하고, 어떤 상황에서 어떤 의미가 있는지 전부 입력해야 한다. 하지만 이것은 거의불가능 일이다. 이런 차이는 인공지능은 인간처럼 스스로 변화된 환경에 적응할 수 없고, 그것을 가지고 응용할 수 없기 때문이다.

인간의 본성이 인간의 특성이다

The future of

artificial intelligence,

man is the answer

아프리카 초원에 사는 동물들이 건기 때가 되면 대규모로 이동하는 것을 볼 수 있다. 이들이 건기 때 이동하는 이유는 물과 먹이가 있는 곳을 찾기 위해서다. 아프리카 초원의 건기 때는 비가 내리지 않아 대지가 메말라 있다. 메마른 대지에는 물과 먹이가 부족하기 때문에 동물들의 생존이 위협받게 되고, 그들의 궁극적인 목적인 번식을 통한 종족 보존이 힘들어진다. 그래서 아프리카 초원에 사는 동물들은 건기 때면 물이 있는 곳을 찾아 먼 길을 마다하지 않고 이동한다.

일반적으로 물이 있다는 것은 그 지역의 토양도 습하다는 것이고, 토양이 습하면 초식동물의 먹이가 되는 식물이 자라고 있다는 증거이다. 식물이 자라고 있으면 초식동물이 모이고, 초식동물을 먹이로 하는 육식동물도 자연스럽게 모이게 되어 생태계가 유지될 수 있다. 아프리카 초원의 동물처럼 건기에 먹이를 찾아 이동을 하는 것은 그들의 본성에서 나오는 것이다.

아프리카 초원에 사는 동물들이 건기에 먹이를 찾아 이동하는 것 외에도 동물들은 여러 본성을 가지고 있다. 우리가 흔히 보는 초식동물은 집단을 이루어서 생활한다. 초식동물은 그들의 덩치가 크든 작든 간에 육식동물의 먹이가 되는 것은 피할 수 없는 운명이다. 이런 운명을 가지고 있는 초식동물이 그들의 종을 보존하기 위해서는 집단을 형성해서 살아가는 것이 유리하다는 것을 알고 있기 때문이다. 실제로 초식동물들은 집단생활을 할지라도 그 중 몇몇은 육식동물의 희생양이 된다. 그렇지만 결과적으로는 그들의 종을 보존하기가 용이하다는 걸 알고 있는 것이다. 이러한 초식동물의 본성도 결국에는 아프리카 초원에 사는 동물들이 건기 때 먹이를 찾아 이동하는 것과 같은 '생존'을 위해서다. 동물들에게 본성은 바로 '생존' 그 자체인 것이다.

반면에 인간은 '생존'이라는 동물적인 본성도 가지고 있지만, 다른 생물은 가지고 있지 않은 인간만의 '본성'도 가지고 있다. 인간만이 가진 인간의 '본성'이 인간을 특별한 존재로 만들게 한다. 그렇다면 인간만이 가진 본성은 어떤 것일까?

우리 주위에서 늦은 나이에 공부를 시작하는 '만학도'들을 볼 수 있다. 그들이 적지 않은 나이에도 불구하고 공부를 시작하는 이유는 배움에 대한 갈망이 그 누구보다 간절하기 때문일 것이다. 어쩌면 그들은 젊은 시절 가족의 생계를 책임져야 한다는 의무로 어린 나이부터 돈을 벌기 위해 일을 해야 했을 수도 있고, 어린 마음에 노는 게 좋아서 공부를 등한시하다 뒤늦게 공부의 중요성을 깨달았을 수도 있다. 어떤 이유에서든 그들이 공부를 시작하는 이유는 배움을 통한 즐거움을 얻고, 배움을 통해 자아실현을 하기 위해서일 것이다. 이처럼 자아실현을 하는 것은 오직 인간만이 할 수 있는 인간만의 본성이다. 자아실현을 사전에서 찾아보면 "하나의 가능성으로 잠재되어 있던 자아의 본질을 완전히 실현하는 일"이라는 의미를 가지고 있다. 사전적 의미를 보면 자아실현에는 인간교육과 관련이 있다는 것을 알 수 있다.

'자아실현'의 사전적 의미처럼 자아의 본질을 밖으로 꺼내 실현할 수 있게 하는 데는 반드시 누군가의 도움이 필요하고, 그것을 도와줄 수 있는 것이 교육이다. 이는 머슬로우A. H. Maslow가 인간의 5가지 욕구 중 '자아실현의 욕구'를 가장 마지막 단계로 둔 것을 보면 알 수 있다. 머슬로우는 인간의 욕구를 5가지로 '생리적 욕구, 안전의 욕구, 소속의 욕구, 자기 존중의 욕구, 자아실현의 욕구'로 분류했다. 그 중 앞의 세 단계인 '생리적 욕구, 안전의 욕구, 소속의 욕구'는 동물에게도 있는 욕구이다. 앞서 말한 것처럼 초식동물들은 집단을 이루어서 생활한다. 집단을 이루는 이유는 홀로 있을 때보다 안전하고, 먹이 활동이나 번식하는 데도 유리하기 때문이다. 초식동물이 혼자 있으면 육식동물의 먹이가 되기 쉽고 그렇게 되면 번식을 통한 종족 보존도 쉽지 않다. 그래서 초식동물은 집단을 이루어서 생활하는 것이고, 그 바탕에는 그 집단에 소속되어 있다는 안정감이 있기 때문이다. 이런 것을 볼 때 머슬로우가 말한 앞의 세 단계 욕구는 동물적인 욕구라고 할 수 있다.

그렇지만 4단계와 5단계의 욕구인 '자기존중의 욕구'와 '자아실현의 욕구'는 앞선 세 단계의 욕구인 동물적인 욕구와는 차원이 다르다. 자존감을 형성하고, 자존감을 높여주는 '자기존중의 욕구'와 내면에 있는 자아를 실현하고 싶은 '자아실현의 욕구'는 인간 외에 다른 생물은 가질 수 없는 욕구이다. 자존감을 형성하고, 자존감을 높이고 싶은 욕망과 내면의 자아를 꺼내서 그것을 실현시키고 싶은 욕망은 오직 교육을 통해서만 할 수 있는 부분이다. 여기서 말하는 교육은 동물이 먹이를 찾거나 천적을 피하는 등 생존을 위한 교육과는 다른 한 단계 차원이 높은 교육이다.

생존을 넘어서는 고차원적인 교육은 뇌를 끊임없이 사용해서 탐구하고 사고하면서 배우는 것이다. 이 때문에 참다운 인간을 만들고 인간의 본성을 깨우치게 하기 위해서는 교육이 필요하다고 하는 것이다. 이러한 것은 '성선설'을 주장하는 맹자나 '성악설'을 주장하는 순자도 결국 교육을 통해 참다운 인간으로 거듭날 수 있다고 말하는 것과 일맥상통한다.

사람들은 누구나 차마 남의 고통을 외면하지 못하는 마음不忍人之心을 가지고 있다.

선왕들에게는 차마 남의 고통을 외면하지 못하는 마음이 있었으므로 차마 남의 고통을 외면하지 못하는 정치不忍人之政를 하였다. 차마 남의 고통을 외면하지 못하는 마음으로 차마 남의 고통을 외면하지 못하는 정치를 실천한다면, 천하를 다스리는 것은 손바닥 위에서 움직이는 것 같이 쉬울 것이다.

사람들은 누구나 차마 남의 고통을 외면하지 못하는 마음이 있다고 하는 것은 다음과 같은 근거에서이다. 만약 지금 어떤 사람이 문득 한 어린아이가 우물 속을 빠지게 되는 것을 보게 된다면, 누구나 깜짝 놀라며 측은하게 여기는 마음을 가지게 된다. 그렇게 되는 것은 어린아이의 부모와 교분을 맺기 위해서가 아니고, 마을 사람과 친구들로부터 어린아이를 구했다는 칭찬을 듣기 위해서도 아니며,

어린아이의 울부짖는 소리가 싫어서 그렇게 한 것도 아니다.

이것을 통해서 볼 때 측은하게 여기는 마음惻隱之心이 없다면 사람이 아니고, 부끄러워하는 마음羞惡之心이 없다면 사람이 아니며, 사양하는 마음辭讓之心이 없다면 사람이 아니고, 옳고 그름을 판단하는 마음是非之心이 없다면 사람이 아니다.

측은하게 여기는 마음은 인仁의 단서端이고, 부끄러워하는 마음은 의義의 단서이며, 사양하는 마음은 예禮의 단서이고, 시비를 가리는 마음은 지智의 단서이다.

사람이 이 네 가지 단서四端를 가지고 있는 것은 그가 사지를 가지고 있는 것과 같다. 이 네 가지 단서를 가지고 있는데도 자신은 선을 실천할 수 없다고 하는 말을 하는 사람은 스스로를 해치는 자이고, 자기의 군주는 선을 실천할 수 없다고 말하는 사람은 자기의 군주를 해치는 자이다.

무릇 나에게 갖추어져 있는 네 가지 단서를 모두 확대시켜 가득 차게 할 줄 알면 마치 불이 타오르기 시작하고 샘이 쏟아나기 시작하는 것과 같아진다. 진실로 그것을 확대시켜 가득 차게 하지 않으면 부모조차도 부양할 수 없다.

『맹자』 공손추, 상 중에서

맹자는 "인간은 태어날 때부터 선하게 태어났다"는 성선설을 주장했다. 그는 성선설의 요체를 '인의예지仁義禮智'라 하고, 그 인의예지의 요체가 4가지 마음이라고 했다. 4가지 마음에는 인仁에 해당하는 '남을 불쌍히 여기는 마음'인 측은지심惻隱之心, 의義에 해당하는 '옳지 못함을 부끄러워하고 착하지 못함을 미워하는 마음'인 수오지심羞惡之心, 예禮에 해당하는 '겸손히 남에게 사양하는 마음'인 사양지심辭讓之心, 지智에 해당하는 '옳고 그름을 가릴 줄 아는 마음'인 시비지심是非之心이 있다. 맹자는 이 4가지 마음이 인간의 본성이 선하는 것을 보여주는 것이라고 했다. 맹자는 이런 인간의 본성을 잃지 않고 확고하게 다져 끝까지 지켜 나가기 위해서 교육을 강조했다. 교육을 통해 본래 선한 본성이 흔들리는 것을 막고 유지할 수 있다는 것이다.

맹자는 "인간의 본성이 선하다"고 했지만 이는 사실이 아니다. 무릇 예로부터 지금에 이르기까지 세상 사람들이 선이라고 말한 것이란 올바르고 질서 있고 공평하게 다스려진 것이었으며, 악이라고 한 것은 치우치고 음험하고 어긋나며 혼란스러운 것이었다. 이것이 선과 악의 구분이다. 지금 진실로 사람의 본성을 올바르고 질서 있으며 공평하고 다듬어진 것으로 여긴다면 성군은 무슨 소용이 있고 예의는 무슨 소용이 있겠는가!

『순자』 중에서

맹자와는 반대로 순자는 “사람은 누구나 다 관능적 욕망과 생의 충동이 있고, 개인의 이익을 추구하게 된다”는 이른바 “인간은 본성이 악하다”는 ‘성악설’을 주장했다. 순자는 “사람은 원래 악하게 태어났다고 주장하면서도 선천적 인간의 본성을 후천적으로 개조할 수 있는 능력이 사람 누구에게나 갖추어져 있기 때문에 그것을 모두 발휘할 수 있다면 범인凡人도 역시 성인聖人이 될 수 있다”고 말했다. 순자의 말을 다시 생각해보면 인간의 악한 본성도 후천적으로 충분히 바꿀 수 있다는 것이고, 선천적인 본성을 바꿀 수 있는 도구로 교육을 말하고 있다. 교육을 통해 선천적인 본성을 후천적으로 바꾸는 것은 자기존중이나 자아실현과 맞닿아 있다는 것이다. 순자 역시 맹자처럼 교육을 강조한 것이다.

이처럼 맹자와 순자가 강조한 교육이란 결국 ‘자아실현’을 위한 것이다. 그렇다면 인간이 자아실현을 위한 교육을 시작한 것은 언제부터일까? 이는 아마도 인간이 도구를 만들어 사용하면서 생각하는 능력이 극대화되었던 서점부터일 것이다. 이 시점은 인간이 더 이상 다른 동물로부터 생존의 위협을 받지 않은 시점과 일치한다. 이것을 머슬로우의 시선으로 본다면 앞의 세 가지 욕구가 모두 만족되고 나서부터이다. 이것이 이후 인간이 다른 동물과는 전혀 다른 길을 걷게 되는 결정적인 역할을 했다.

인간이 다른 동물과는 전혀 다른 길을 걸으면서 머슬로우가 말하는 4단계와 5단계의 욕구인 '자기존중의 욕구'와 '자아실현의 욕구'를 느끼게 되었다. 앞의 세 가지 욕구가 생존과 직결된다면 뒤의 두 가지 욕구는 생존을 넘어선 단계이다. 이 욕구를 충족시키기 위해서는 지식의 습득이 필요하다. 그것을 극대화한 것이 바로 교육이고, 교육을 통해서만 실현가능한 것이다. 머슬로우가 말한 '자기존중의 욕구'와 '자아실현의 욕구'는 오직 인간만이 가지고 있는 인간 고유의 본성이라 할 수 있겠다.

이러한 4단계와 5단계 욕구는 "한국 성인남자의 평균 신장은 174cm이다"처럼 표준화해서 평균값으로 나타낼 수 없다. 또 "만 19세 이상은 선거에서 투표할 수 있다"와 같은 기준도 없다. 이 말은 머슬로우의 4단계와 5단계 욕구를 만족하는 기준은 사람마다 제각각이라는 것이다. 즉, 주관적인 판단이다. 이것은 또한 기준값을 설정해야 하는 컴퓨터 프로그래밍에 적용할 수도 없다. 그래서 머슬로우의 4단계와 5단계 욕구인 '자기존중의 욕구'와 '자이실현의 욕구'는 프로그래밍된 기계인 인공지능이 흉내 낼 수 없는 것이다. 인간은 '자신이 어떤 존재이고 무엇을 해야 하는지'를 탐구하는 철학적 사고를 하지만 인공지능은 이런 사고를 할 수 없다. 그래서 인공지능은 인간만이 가진

'자기존중의 욕구'나 '자아실현의 욕구'를 가지고 있지 않다고 보는 것이다.

그렇기 때문에 우리가 인공지능시대에 발맞춰 살아가기 위해서는 '자기존중의 욕구'와 '자아실현의 욕구' 같은 인간의 본성을 극대화할 수 있는 분야를 특화시켜야 한다.

인공지능이 흉내 낼 수 없는 인문학

The future of artificial intelligence, man is the answer

공항이나 항만 같은 곳을 가보면 마약 밀수나 유통을 막기 위해 마약 탐지견을 이용해 숨겨진 마약을 찾는 것을 볼 수 있다. 숨겨진 마약을 찾기 위해 탐지견을 이용하는 것은 개가 인간과 가장 친근하고, 훈련만 시키면 인간이 원하는 대로 할 수 있는 장점도 있지만 기본적으로 개의 후각이 인간의 후각보다 훨씬 뛰어나기 때문이다.

개의 후각 능력은 인간이 맡을 수 없는 냄새를 맡을 수 있기 때문에 인간의 후각으로 인식하지 못하는 것까지 인식할 수 있다. 이런 이유에서 폭발물 탐지도 개를 이용해서 하는 것이다. 이처럼 마약이나 폭발물을 찾는데 다른 동물이 아닌 개를 이용하는 이유는 개가 다른 동물보다 뛰어나기 때문이다. 다른 말로 하면 개는 후각이 특화되었기 때문이다.

아프리카 초원지대에 사는 치타는 달리기에 특화되어 있다. 치타는 육식동물 중 그 크기가 작은 편에 속한다. 그래서 사자 같은 큰 육식동물의 먹이가 될 수 있다. 치타는 애써 사냥한 먹이를 다른 육식동물에게 빼앗기기도 한다. 이 때문에 치타는 자신들의 종을 보존하기 위해 다른 동물보다 빨리 달리는 능력을 발달시켰다. 그렇게 함으로써 스피드 면에서 다른 육식동물보다 먹이를 사냥하는 데 유리해졌고, 애써 사냥한 먹이를 자신보다 큰 육식동물에게 빼앗기는 확률이 줄어들게 되었다.

개의 후각과 치타의 달리기처럼 특성화된 능력은 특별하고 개성 있게 만든다. 동물들이 각각의 특성화된 능력을 가지고 있다는 것은 인간도 특별한 능력을 가지고 있다는 증거가 된다. 그리스신화 속 프로메테우스는 생물들을 만들면서 각각 하나씩 특별한 능력을 주었다.

하지만 프로메테우스가 줄 수 있는 능력은 무한한 것이 아니었다. 그래서 마지막에 인간을 만들 때는 줄 수 있는 능력이 남아있지 않았다. 프로메테우스는 인간에게 줄 능력이 없자 고민을 거듭한 끝에 다른 생물들과의 형평성을 고려한 능력을 주기로 결정했다. 그렇게 해서 프로메테우스가 인간에게 준 것은 자신이 신들의 세계에서 훔쳐온 불이었다. 프로메테우스가 불을 훔쳐 인간에게 준 것은 불 자체의 의미도 있지만, 인간에게 도구를 만들어 사용하는 능력과 함께 생각하는 능력을 준 것이기도 하다.

우리가 불을 사용해 음식을 익혀 먹고, 불을 사용해 천적의 위험으로부터 보호하는 것은 불을 도구로 사용했다는 증거이다. 인간 외의 다른 동물에게 불은 두려워하는 존재이지, 그것을 사용해 새로운 것은 창조하지 못한다. 인간이 다른 동물과는 달리 도구를 만들어 사용한다는 것은 곧, 생각하는 능력을 가지고 있다는 것이다. 기본적으로 도구를 만들어 사용한다는 것은 도구를 만들기 전에 그것이 어떤 용도로 사용할 것인지 미리 생각하기 때문이다. 그렇지 않으면 사용 용도가 불분명해져서 그것을 사용할 수 없게 된다.

인간이 생각하는 능력을 가지게 됨으로써, 인간은 육식동물의 먹이가 되는 연약한 존재에서 모든 동물이 겁내는 가장 강력한 존재로 다시 태어나게 되었다.

인간이 스스로 생각하고, 기록하고, 그것을 토대로 재창조하는 것은 인간이 가지고 있는 특별한 능력이다. 이것은 개의 후각이나 치타의 달리기처럼 인간 외에는 어떤 생물도 할 수 없는 능력이다.

이 능력은 인간이 만든 인공지능도 할 수 없는 능력이다. 우리가 접하는 인공지능은 계산 능력에 특화되어 있는 것이지 인간처럼 스스로 생각하고, 스스로 기록하고, 그것을 토대로 재창조하는 능력은 가지고 있지 않다.

스스로 생각하고, 스스로 기록하고, 그것을 토대로 재창조하는 능력은 인간이 도구를 사용하고, 생각하면서 나타난 것이다. 우리가 생활 속에서 접할 수 있는 '지우개 달린 연필'은 재창조를 한 대표적인 예다. 이전에도 연필과 지우개는 있었다. 하지만 연필로 쓴 글을 고치려고 할 때마다 지우개를 찾는 것에 불편함을 느낀 하이멘 립맨Hymen L. Lipman이 지우개를 연필 머리에 달아서 우리가 아는 '지우개 달린 연필'을 만든 것이다. 여기에는 '지우개를 연필의 머리 부분에 모자 씌우듯 고정시키면 잃어버릴 염려도 없고 편리하게 사용할 수 있겠구나'라는 생각을 했기에 가능한 것이다. 이렇게 인간이 재창조를 하는 것은 스스로 사고하는 능력을 가지고 있기 때문이다.

스스로 사고하는 능력을 요구한다는 것은 주어진 명제에 맞는 정답이 없다는 것이다. 다만 나에게 맞는 답만 있을 뿐이다. 이것이 계산 능력에 특화되어 절대적인 값을 처리할 수 있어도 상대적인 값을 처리할 수 없는 인공지능과 둘 다 처리가 가능한 인간의 차이점이다.

그렇기 때문에 이것은 절대적인 값만 처리하는 컴퓨터를 바탕으로 한 인공지능은 흉내 낼 수 없는 분야이다. 이런 분야는 오직 인간에게 특화된 분야이다. 바로 이런 분야에서 인간은 인공지능시대의 먹거리를 찾아야 한다.

4장

[미래세대 인간에게 필요한 것]

THE FUTURE OF ARTIFICIAL INTELLIGENCE, MAN IS THE ANSWER

미래를 예측하는 최고의 방법은 그 미래를 스스로 창조하는 것이다.
스타트업 캠퍼스에서 여러분 스스로의 미래를 그려 나가길 바랍니다.

피터 드러커

민중들의 노래가 들리는가?

성난 민중들의 노래

다시는 노예가 되지 않으려는 사람들의 음악!

심장 박동이 북소리로 가득해지면

내일과 함께 새 삶이 시작되지!

우리와 함께하겠나?

내 옆을 굳게 지키겠나?

그대가 염원하는 세상이

바리케이드 너머에 있네

자유로울 권리를 획득하리니

함께 싸우자!

뮤지컬 '레미제라블'의 Do you hear the people sing? 중에서

빅토르 위고의 소설 『레미제라블』을 바탕으로 한 뮤지컬을 봤거나, 지난 2012년 개봉한 휴 잭맨, 러셀 크로우 주연의 영화를 봤다면 이 노래가 낯설지 않을 것이다. 이 노래는 오랜 시간 인간다운 삶을 살지 못한 다수의 일반 민중들이 더 이상 노예의 삶을 살지 않으려고 저항하는 내용을 담고 있다. 그동안 일반 민중들의 삶은 소수의 귀족들에게 일방적인 착취를 당했다. 다수를 차지하는 일반 민중들은 소수의 귀족에게 종속되어 소모품 같은 삶을 살았다. 이런 구조 속에서는 민중들은 인간으로 태어나기는 했지만 인간으로서 삶을 살아가지 못했던 것이다. 이것이 18세기에 들어서면서 시민의식이 고취되기 시작했고, 그 결과 시민혁명으로 이어진 것이다. 『레미제라블』의 'Do you hear the people sing?'처럼 더 이상 노예 같은 삶을 살지 않겠다는 저항의식이 나타나게 된 것이다.

18세기 민중들의 저항의식을 다시금 꺼낸 이유는 이것이 영화나 드라마 속에서나 볼 수 있는 역사 속의 한 장면이 아니라 현재

까지 이어지는 진행형이고, 특히 4차 산업혁명시대에도 자칫 잘못하면 나타날 수 있기 때문이다. 4차 산업혁명시대를 살아갈 인간의 선택은 둘 중의 하나이다. 인공지능의 혜택을 받으며 인간다운 삶을 살 것인지, 아니면 인공지능의 노예가 되는 삶을 살 것인지를 선택해야 한다. 이 선택을 함에 있어 대부분의 사람들은 노예 같은 삶을 살기를 원하지 않을 것이다. 그런데 불행히도 4차 산업혁명시대에 인간다운 삶을 사는 것은 모든 사람이 할 수 있는 것은 아니다. 4차 산업혁명시대에 인공지능의 혜택을 누리며 인간다운 삶을 살기 위해서는 인간만이 할 수 있는 능력을 갖추어야 한다.

4차 산업혁명시대에 인간만이 할 수 있는 영역은 끊임없이 사고하는 능력이다. 에디슨이 전구를 발명한 것도 끊임없이 생각한 결과였고, 아문센이 남극을 탐험한 것도 끊임없이 생각한 결과이다. 혹자들은 에디슨이 끊임없이 생각했다는 것은 이해할 수 있어도, 아문센이 끊임없이 생각했다는 것을 이해할 수 없다고 할 것이다. 하지만 극한의 추위에 얼어붙은 땅인 남극을 탐험하기 위해서는 하루에 어느 정도 이동할 것인지, 하룻밤을 지낼 곳을 어떻게 만들어야 되는지도 생각해야 된다. 이런 생각의 결과로 얻은 것이 이동할 때 보조 수단으로 추위에 강한 견종인 시베리안 허스키를 선택했고, 베이스캠프와 중간에 쉬어갈 수 있는 전진캠프를 생각해냈던 것이다. 이 방법은 요즘도 히말라야처럼 높은 산을 오를 때 사용하고 있다.

이처럼 인간은 끊임없이 생각을 통해 새로운 것을 창조한다. 그렇다면 인간은 어떻게 끊임없이 생각할 수 있게 되었을까? 인간이 끊임없이 생각하게 해준 데는 데이터화하고 수치화할 수 없는 것에서 의미를 찾아내는 능력을 가지고 있기 때문이다. 인간은 정해진 답이 없는 명제에서 현재 상황에 맞는 최선의 방안을 찾는 능력을 가지고 있다.

다시 말해 정해진 답이 없기 때문에 최선의 방안을 찾기 위해서 끊임없이 생각해야 하고 끊임없이 질문을 해야 하는 것이다. 바로 이런 부분이 4차 산업혁명시대를 살아갈 인간에게 요구되는 능력이다.

핵심 키워드는 '창의'와 '융합'

The future of
artificial intelligence,
man is the answer

4차 산업혁명시대에 우리가 인공지능의 노예가 아닌 주인으로 살아가기 위해서는 이전과 비교해서 한 단계 업그레이드된 능력이 필요하다. 그러한 능력을 갖추기 위해서는 그동안 우리가 단순하게 생각하던 것을 뛰어넘어 보다 복합적인 사고가 중요하다. 이것은 끊임없이 사고하고, 그 과정에서 수많은 질문을 하면서 최선의 방안을 찾는 것을 의미한다. 따라서 4차 산업혁명시대에 인간이 인공지능의 주인으로 살아가기 위해서는 지식을 단순하게 습득하는 것에서 벗어나 응용할 줄 아는 능력이 필요하다. 많은 양의 지식을 단순하게 습득하는 것은 이미 그 속도 면에서 인공지능을 따라갈 수 없다.

그래서 인간은 인공지능에게 비교 우위를 보일 수 있는 분야 즉, 복합적인 사고와 이것을 바탕으로 응용할 수 있는 분야를 특화시켜야 한다. 그러기 위해서는 '창의'와 '융합'이라는 키워드에 초점을 맞춰야 한다. 창의와 융합이 바로 4차 산업혁명시대를 살아갈 인간이 인공지능의 주인이 되기 위해서 갖추어야 할 조건이다.

창의와 융합은 깊고 다양하게 생각하지 않으면 나올 수 없다. 끊임없이 사고하고 질문하면서 최선의 방안을 찾는 것을 포함한다. 즉, 창의와 융합은 4차 산업혁명시대를 살아가야 하는 인간이 인공지능의 주인이 되기 위해 갖추어야 할 능력과 일맥상통하는 것이다. 이는 창의와 융합의 사전적 의미에서도 찾아볼 수 있다. 창의는 "새로운 것은 고안해 낸다"는 뜻이고, 융합은 "여러 분야를 합쳐서 하나의 새로운 것을 만들어낸다"는 뜻을 담고 있다. 이 "새로운 것을 만들어낸다"는 의미는 끊임없이 사고하고 질문하는 과정을 포함한다.

이 창의와 융합을 가장 잘 사용한 사람은 누가 뭐라고 해도 애플의 CEO였던 '스티브 잡스'일 것이다. 잡스가 한 말인 'Think Different'는 창의와 융합을 가장 잘 보여준다. Think Different는 말 그대로 '다르게 생각하는 것'이다. 이 말은 우리가 일상생활을 하면서 볼 수 있는 사물이나 현상을 대다수의 사람들이 보는 일반적인 관점에서 바라보는 것이 아니라 그들과는 다른 관점, 즉 나만의 관점에서 바라보는 것이다. 리처드 바크의 소설 『갈매기의 꿈』의 주인공 조나단 리빙스턴처럼 말이다.

해가 뜰 무렵까지 조나단은 연습하고 또 연습했다. 1,500미터 상공에서 바라보니 낚싯배들이 잔잔한 바람 바다 위에 점점이 떠 있었고, 아침먹이를 찾아 나온 갈매기들은 희미한 흙먼지 구름처럼 보였다.

그는 생기 넘쳤으며 기쁨에 파르르 떨었고, 두려움이 통제되는 것이 자랑스러웠다. 그러다가 요란을 떨지 않고, 앞날개를 접고 짧고 각진 날개 끝을 뻗어 바다 쪽으로 곧장 날아 내려갔다. 1,200미터 상공을 지날 즈음, 조나단은 한계속도에 도달했고, 바람이 소리치는 철벽 같아서 더 빨리 움직일 수 없었다. 이제 그는 시속 344킬로미터로 곧장 강하하고 있었다. 그 속도에서 날개가 펴지면 몸이 산산조각난다는 것을 알기에 조나단은 침을 삼켰다. 하지만 속도는 힘이었고, 속도는 환희였으며, 속도는 순수한 아름다움이었다.

그는 300미터 상공에서 수평비행을 시작했고, 거대한 바람 속에서 날개 끝이 턱턱 소리를 내며 둔해졌다. 바로 앞에서 배와 갈매기 떼가 기울고 있는 유성처럼 빨리 다가왔다.

조나단은 멈출 수 없었다. 아직 그는 그 속도에서 방향을 바꾸는 방법조차 몰랐다.

충돌하면 그 자리에서 죽을 터였다.

그래서 그는 눈을 감았다.

그날 아침, 일출 직후 갈매기 조나단 리빙스턴은 바람과 깃털들의 무시무시한 울부짖음 속에서 눈을 감고 시속 341킬로미터로 아침 먹이를 찾는 갈매기 무리 가운데로 돌진했다. 이번 한 번은 행운이 그에게 미소 지은 덕분에 아무도 죽지 않았다.

조나단이 부리를 창공으로 치켜들 즈음, 여전히 시속 257킬로미터의 속도로 날아가고 있었다. 속도를 32킬로미터로 늦추고 마침내 날개를 다시 펼치자 1,200미터 아래 바다에 뜬 배가 부스러기처럼 보였다.

승리라는 생각이 들었다. 한계속도! 갈매기가 시속 344킬로미터로 비행하다니! 이것은 새로운 발견이자 갈매기 역사상 가장 위대한 순간이었고, 그 순간 갈매기 조나단에게는 새로운 시대가 열렸다.

리처드 바크의 『갈매기의 꿈』 중에서

리처드 바크의 소설 『갈매기의 꿈』에 나오는 갈매기 조나단 리빙스턴이 높은 곳에서 빠른 속도로 비행한 것은 다른 갈매기들과 다른 시각을 가지고 있었기에 가능했다. 즉, 조나단만의 관점을 가지고 끊임없이 생각했기 때문이다.

사물이나 현상을 나만의 관점에서 바라보는 것은 그것을 단순하게 시각적으로 보는 것뿐만 아니라 머릿속으로 끊임없이 생각하고 질문하면서 보는 것이다. 그래야 단순히 시각적으로 볼 때는 볼 수 없는 사물이나 현상의 본질이 보이고, 이것을 토대로 제대로 된 질문을 할 수 있다. 그리고 제대로 된 질문을 통해서만이 새로운 것을 만들어낼 수 있는 것이다. 잡스는 바로 이런 과정을 통해서 '혁신의 아이콘'으로 자리 잡은 것이다.

잡스는 '대학이나 연구소에서 소수의 사람만이 사용할 수 있는 컴퓨터를 일반 사람도 사용하면 좋을 텐데'라는 생각을 가졌고, 이 생각을 바탕으로 끊임없이 질문한 결과 나온 것이 APPLE-1이라는 최초의 PC Personal Computer: 개인용 컴퓨터이다. APPLE-1이 나온 1970년대에는 컴퓨터는 크기와 부피가 크고 가격이 비싸서 대부분의 사람들은 개인이 사용할 수 있을 거라고 생각지 못했던 시기였다. 만약 잡스가 단순하게 일반 사람들과 같은 생각을 했다면 아마도 PC는 현재까지 나오지 않았을지도 모른다. 하지만 잡스는 이것을 일반적인 사람들의 시선으로 보지 않고 자신만의 시선으로 바라보면서 끊임없이 사고하고 질문했다. 바로 이 과정을 통해 나온 것이 최초의 PC라는 결과물이다.

이와 마찬가지로 지난 2000년대 초반 MP3 플레이어가 많은 인기를 끌었을 때, 대부분의 회사는 이 기계를 많이 팔 생각을 했지만 잡스는 이들과 다른 생각을 했다. 잡스는 MP3 플레이어를 판매하는 데는 한계가 있다고 생각하고 다른 방법으로 접근했다. 잡스는 MP3에 다운로드하는 음원에 주목했다. 이 음원을 판매할 수 있는 온라인 마켓을 만들면 더 많은 부가가치를 창출할 수 있을 것이라 생각했다. 이것이 '아이튠즈'라는 온라인 음원 마켓을 탄생시켰다. 이로 인해 애플은 MP3 플레이어인 '아이팟'과 시너지 효과를 내면서 MP3 시장을 장악할 수 있게 되었다. 그 후 잡스는 MP3 플레이어 '아이팟'의 업그레이드 버전인 '아이팟 터치'에 전화 기능을 넣는 것을 생각했고, 그것이 '아이폰'이라는 스마트폰이 탄생하는 계기가 되었다. 이처럼 잡스가 APPLE-1이나 아이튠즈, 아이폰 등 혁신적인 상품을 선보일 수 있었던 것은 일반적인 시선이 아니라 자신만의 시선에서 보는 것에서 시작했기 때문에 가능했다. 바로 이것이 잡스가 말한 'Think Different'이다.

잡스처럼 일상생활에서 보는 사물이나 현상을 일반적인 시선과는 다른 자신만의 시선에서 보고 생각해서 새로운 것을 만들어내는 것이 창의와 융합이다. 잡스가 지난 2007년 선보여 전 세계적으로 돌풍을 일으켰던 아이폰 시리즈는 창의와 융합을 가장 잘 보여주는 것이다. MP3 플레이어에 인터넷 검색과 전화 기능을 합친 것이 바로 '창의'이자 '융합'이다. 이 창의와 융합은 오직 인간만이 할 수 있는 분야이다. 이런 이유로 창의와 융합을 4차 산업혁명시대를 살아갈 인류에게 요구되는 핵심 키워드로 꼽는 것이다. 이러한 능력이 갖춰져야 인공지능의 주인으로 살아갈 수 있는 것이다. 창의와 융합을 잘하려면 끊임없이 사고하고 질문을 하는 것이 기본이 되어야 한다. 그렇다면 끊임없이 사고하고 질문하는 능력을 키우기 위해서는 어떻게 해야 할까?

일반적으로 우리가 끊임없이 사고하는 경우는 대개 주어진 질문에 정해진 답이 없는 경우이다. 예를 들어 "1+1의 값은 무엇인가?"와 "빛의 3원색은 무언인가?"라는 질문은 '1+1=2'와 '빛의 3원색은 빨강·파랑·초록'이라는 정해진 답이 있다. 이러한 질문에 대한 답을 찾을 때는 끊임없이 생각할 필요가 없다. 그렇지만 "탁월하다는 것은 무엇을 의미하는가?", "광해군이 인조반정으로 쫓겨나지 않고, 그대로 왕위를 지켰다면 조선의 운명은 어떻게 되었을까?", 김훈의 소설 『칼의 노래』를 읽고 "나에게 의미하는 '칼의 노래'는 무엇인가?' 등의 질문에는 정해진 답이 없다. 이러한 질문에 답하기 위해서는 끊임없이 생각하고, 질문하는 과정 속에서 최상의 답을 찾아야 한다. 이런 질문을 할 때는 각자의 시선에서 바라보기 때문에 다른 사람들이 생각지 못한 나만의 답이 나올 수 있다. 이것이 바로 '창의'이자 '융합'이다.

이처럼 정해진 답이 없는 질문에 대한 나만의 답을 찾기 위해서는 무엇보다 끊임없이 사고하는 능력을 키워야 한다. 이것은 결국 데이터화할 수 없고 수치화할 수 없는 것에서 의미를 찾아내는 인간의 특성과 일맥상통한다. 인간은 그런 것에서 의미를 찾기 위해 끊임없이 사고하는 능력을 키웠다. 이를 바탕으로 이전에 없던 것을 만들어내고 기존에 있던 여러 가지를 합쳐서 새로운 것을 만들어낸 것이다. 이 과정에서 인간은 창의하고 융합하는 능력을 가지게 되었다. 스티브 잡스, 빌 게이츠, 마크 주커버그 등 창의와 융합으로 대표되는 인물들이 혁신적인 상품을 내놓을 수 있었던 비결이 바로 이것이다.

4차 산업혁명시대에 인간이 인공지능의 주인으로 살아가기 위해서는 인간만이 할 수 있는 빅데이터를 응용할 수 있는 분야나, 여러 분야를 합쳐 새로운 것을 만드는 분야를 특화시켜야 한다. 이를테면 제품 개발자나 디자이너처럼 끊임없이 생각하는 것이 바탕이 되는 창조적인 분야가 바로 그것이다. 이런 분야는 끊임없이 사고하고 질문하면서 응용해야 되는 것이 필수이기에 오직 인간만이 할 수 있다. 4차 산업혁명시대에 인간은 바로 이런 분야를 특화시켜 인공지능의 주인으로 살아가야 한다.

인간이 갖춰야 할 기본 능력

The future of
artificial intelligence,
man is the answer

4차 산업혁명시대를 살아갈 인간이 인공지능의 주인으로 살아가기 위해서는 몇 가지 능력이 요구된다. 『제4차 산업혁명』의 저자 클라우스 슈밥은 4차 산업혁명시대를 살아갈 인간에게 필요한 4가지 능력으로 '상황맥락지능(정신)', '정서지능(마음)', '영감지능(영혼)', '신체지능(몸)'을 꼽았다. 왜 슈밥은 이 4가지 지능을 4차 산업혁명시대를 살아갈 인간에게 필요한 능력으로 꼽았을까?

4차 산업혁명시대에는 인공지능, 로봇, 3D 프린팅, 사물 인터넷 등의 신기술이 널리 보급되고 활용되면, 전통 제조업 등 부가

가치가 낮은 산업은 쇠퇴할 수밖에 없다. 이렇게 되면 현재 존재하는 직업의 절반은 사라질 수밖에 없을 것이다. 이런 상황에서 직업을 가지고, 인공지능의 주인으로 살아가려면 이전과는 다른 능력을 갖춰야 한다. 4차 산업혁명시대에는 그동안 인간에게 요구되었던 능력이 많은 부분에서 쓸모없어질 수밖에 없다 4차 산업혁명시대에는 기계적으로 지식을 습득하던 전통적인 방법에서 벗어나, 습득한 지식을 바탕으로 여러 가지로 응용할 수 있는 능력을 갖춰야 한다. 이러한 능력을 갖추기 위해 필요한 영역으로 이 4가지 지능을 꼽은 것이다.

4차 산업혁명시대에 인간에게 필요한 능력을 한 가지씩 짚어보면 왜 이것이 인간에게 필요한지 알 수 있다. 상황맥락지능은 '새로운 동향을 예측하고 단편적인 사실에서 결과를 도출해 내는 능력과 자발성'이다. 새로운 동향을 예측하는 것과 이를 바탕으로 결과를 도출해내는 것은 단순하게 생각해서 얻어지는 것이 아니라 끊임없이 생각하고 질문하는 과정을 통해 얻어진다. 이것은 정해진 답을 찾는 것이 아니라 주어진 상황에 맞는 최상의 답을 찾는 것과 일맥상통한다.

정서지능은 '생각과 감정을 정리하고 결합해 타인과 협력관계를 맺는 것'이다. 생각과 감정을 정리하고 결합한다는 것에서 창의와 융합과 맞닿아 있다.

영감지능은 '의미와 목적에 대해 끊임없이 탐구하는 능력'이다. 의미와 목적에 대해 끊임없이 탐구하는 것은 정해진 답을 찾는 과정에서 나오는 것이 아니라 현재 상황에 비추어 볼 때 이 상황에 맞는 최선의 방법을 찾기 위한 과정에서 나온다.

신체지능은 '개인의 건강과 행복을 가꾸고 함양하는 능력'이다. 여기서 말하는 개인의 건강과 행복은 육체적인 것도 포함되어 있지만 정신적·심리적인 것도 포함된다. 4차 산업혁명시대에 요구되는 신체지능은 큰 압박감 속에서도 평정심을 유지할 수 있는 것이다. 압박감과 평정심은 정신적·심리적 부분이 크게 작용한다. 그래서 필요한 것이 끊임없이 생각하는 것이다. 압박을 받는 상황에서 평정심을 유지하려면 가만히 있으면 되는 것이 아니라, 어떻게 해야 평정심을 유지할 수 있는지 끊임없이 생각하고 질문해야 한다.

이런 것을 종합해볼 때 클라우스 슈밥이 말한 4차 산업혁명시대의 인재에게 필요한 4가지 능력은 창의와 융합이라는 키워드와 일맥상통한다. 그렇다면 슈밥이 말한 4차 산업혁명시대의 인재에게 필요한 능력을 갖추기 위해서는 어떤 방법으로 해야 할까?

우선 '끊임없이 사고하고 질문하는 능력'을 갖추어야 한다. 4가지 능력 모두가 공통적으로 끊임없이 사고하고 질문하는 것을 기본으로 삼고 있다. 즉, 기본이 잘 갖추어져야 한다는 것이다.

이는 축구나 야구 등의 스포츠에서 기본기가 잘 갖추어진 선수가 실력이 늘고 좋은 모습을 보일 수 있는 것과 마찬가지다. 4차 산업혁명시대에 인공지능의 주인으로 살아가기 위해서 가장 중요한 것이 기본을 제대로 갖추는 것이다.

4차 산업혁명시대의 흐름은 이전에 인간이 하던 많은 일이 인공지능으로 대체되는 것이다. 그 속에서 많은 사람이 직장을 잃게 되고 취업난이 가중되는 것도 마찬가지로 시대의 흐름이다. 이런 상황에서는 인간다운 삶을 영위할 수가 없을 것이라는 불안감이 생길 것이고, 이 상태에서 벗어나지 못한다면 인간은 인공지능의 노예로 살아갈 수밖에 없다. 하지만 인간은 그 누구도 인공지능의 노예로 살아가는 것을 원하지 않고, 인간다운 삶을 살기를 원한다. 인공지능의 주인으로 살기 위해서는 인간만이 할 수 있는 것을 극대화시킬 때 가능하다.

그렇다면 라케스 님, 먼저 용기란 무엇인지에 대해 말해 보도록 합시다. 그리고 나서 그 다음으로 용기가 어떤 방식으로 젊은이들에게 있게 될 수 있는지도 우린 살펴볼 것입니다. 그게 익힐 거리와 배울 거리를 통해 생겨날 수 있는 것인지 말이죠. 자, 제가 묻는 것에 대해 말씀해 보십시오. 용기란 무엇입니까?

소크라테스 선생, 제우스께 맹세코, 그건 말하기 어렵지 않소. 누군가 대오를 지키면서 적들을 막아 내고자 하고 도망치지 않는다면 그는 용감한 사람일 거라는 점은 잘 알아두시지요.

플라톤의 『라케스』 중에서

플라톤의 저서 『라케스』에서 소크라테스가 말한 "용기란 무엇인가?"라는 질문에는 정해진 답이 없다. 그래서 사람에 따라 다른 답이 나올 수밖에 없고, 데이터화하고 수치화할 수 없다. 즉, 이 질문에 대해서 인간은 끊임없이 사고하고 질문하기에 대답을 할 수 있지만 인공지능은 대답을 할 수 없다. 그렇지만 인간은 끊임없이 사고하고 질문하는 과정을 통해 주어진 상황에 맞는 최선의 답을 찾는 능력을 가지고 있다.

미래세대의 일자리

The future of
artificial intelligence,
man is the answer

2016년 세계경제포럼에서 4차 산업혁명시대에 사라질 일자리와 사라지지 않거나 새로 생겨날 일자리에 대해서 발표했다. 세계경제포럼의 일자리 보고서에 따르면 제조업, 건설, 채광(광물을 채굴하는 일) 분야의 일자리 90%가 사라질 거라고 예상했다. 이런 일자리는 인간 대신 인공지능으로 대체되면 보다 효율적이기 때문에 사업주 입장에서 굳이 많은 임금을 지불하면서까지 인간을 고용할 이유가 없다는 것이다. 즉, 이런 분야에서는 인간이 더 이상 인공지능에게 비교우위를 보일 수 없다는 말이다.

그리고 더불어 4차 산업혁명시대에도 사라지지 않거나 새로 생겨날 일자리에 대해서도 발표했다. 이 보고서에 따르면 경영, 재무, 관리·감독, 수학, 컴퓨터, 건축가, 엔지니어, 영업, 교육 등의 분야는 사라지지 않거나 새로 생겨날 일자리로 꼽았다. 이런 일자리가 사라지지 않거나 새로 생겨날 수 있는 이유는 인간과 밀접한 관계에 있기 때문이다. 그런데 다른 분야는 이해하지만 경영, 재무, 수학 분야는 인공지능으로 대체가 가능하지 않느냐고 반문할 수도 있다. 하지만 이 분야를 자세히 살펴보면 인공지능이 대체하지 못할 부분이 숨어 있다.

먼저 경영에 대해서 살펴보자. 경영의 핵심은 '인재'에 있다. 인재경영이 경영의 핵심이라는 것이다. 조직의 구성원 하나하나의 특징을 살피고 그 사람이 가진 능력에 따라 적절한 업무에 배치하는 것이 인재경영이다. 경영자가 한 명의 인재를 제대로 파악하기 위해서 겉으로 드러난 지표도 중요하게 활용해야겠지만, 그 사람의 머릿속에 있는 신념과 가치관도 제대로 파악해야 한다. 일반적으로 신념과 가치관은 지표로 나타낼 수 없다. 상대방을 내 사람으로 만들기 위해선 먼저 상대방의 마음부터 얻어야 한다. 하지만 정형화된 값이 없는 사람의 마음을 인공지능은 읽을 수 없다. 이것은 오직 인간만이 얻을 수 있다. 유비劉備가 제갈량諸葛亮을 얻기 위해 직접 세 번에나 그의 집에 찾아간 데서 유래

된 삼고초려三顧草廬라는 고사성어에 잘 나타난다.

조조曹操가 북방에서 원소袁紹의 잔여세력을 소탕하며 세력을 키워 가고 있을 때 유비는 형주의 유표劉表에 의탁하여 정치적 포부를 실현시킬 준비를 하고 있었다. 그 준비란 인재를 모으는 일로, 서서徐庶를 맞아 군사로 임명했다. 그런데 서서는 유비에게 융중이라는 곳에 사는 와룡 제갈량을 추천한다. 유비는 관우關羽와 장비張飛를 데리고 융중으로 직접 가서 제갈량을 맞아들이려 했다. 초가집에 사는 제갈량은 부재중이었다. 두 번째 방문은 추운 겨울날이었는데, 그때도 제갈량은 친구들과 나가고 없었고, 세 번째 방문에서야 제갈량을 만날 수 있었다. 그런데 제갈량은 초당에서 잠들어 있었다.

유비는 특유의 인내심으로 제갈량의 마음을 움직였다. 제갈량은 정세와 정치를 오랫동안 연구해서 얻은 정치적 견해와 천하를 통일할 전략 방침을 이야기했다. 그것이 그 유명한 '천하삼분지계天下三分之計'이다. 조조나 손권에 비해 세력이 없으니 천하를 셋으로 갈라 후일을 도모하자는 의견이었다. 제갈량은 자신은 세 번이나 찾은 유비에 대한 답을 한 것이다.

유비가 제갈량을 삼고초려로 자기 사람으로 만든 것은 결국 감동을 주었기·때문이다. 추운 날도 마다하지 않고 제갈량을 찾아가 진정성을 보였고, 한 사람을 얻기 위해 세 번이나 찾았다는 것은 단지 제갈량만이 아니라 더 많은 인재를 얻을 수 있는 효과가 있다. 유비라는 인물은 인재를 얻기 위해 정성을 다한다는 것을 보여준 것이기 때문이다. 그리고 유비의 인품이나 인재 관까지 엿볼 수 있게 한다. 유비가 얼마나 인재를 소중하게 대하는지 그의 이미지를 보여줌으로써 조직의 정책을 보여주는 결과까지 이끌어냈다.

이홍민의 『인사인문학』 중에서

두 번째로 재무 분야를 살펴보자. 재무란, 한 회사의 자금을 관리하고 이 자금을 효율적으로 사용하는 분야이다. 그래서 반드시 필요한 것이 재무제표이다. 이 재무제표는 지금까지 축적된 자료를 바탕으로 만드는 것이어서 충분히 인공지능으로 대체할 수 있다. 하지만 임금협상이나 투자하는 것은 재무제표를 작성하는 것과는 차원이 다른 일이다. 임금협상이나 투자는 사람과 사람이 만나서 하는 것이다. 기본적으로 사람과 사람이 만나서 의견을 주고받는 것에서 시작된다. 즉, 임금협상은 사람의 생각을 읽는 것에서 시작하는 것이다. 투자도 마찬가지다. 투자할 때도 사람의 동의를 얻어서 투자하는 것이다. 내가 투자하고 싶어도 상대방이 투자받기를 원하지 않으면 일은 성사되지 않는다. 또한 투자에는 예측이 불가능한 부분이 포함되어 있다. 이처럼 사람을 상대하고 예측이 불가능한 분야는 데이터화나 수치화할 수 없기 때문에 인공지능이 대체할 수 없다. 그래서 재무 분야는 인공지능시대에도 사라지지 않을 것이라 예상한다.

수학 분야도 마찬가지다. 계산하는 부분만 한정하면 인간은 그 속도 면에서 인공지능을 이길 수 없다. 하지만 계산은 수학의 전부가 아니라 일부분이다. 수학의 대부분은 어떠한 명제를 증명하는 것이다. 증명하는 것은 단순히 계산하는 것과는 차원이 다른 일이다. 완벽하게 증명하기 위해서는 끊임없이 생각하고 질문해야 한다. 끊임없는 생각과 질문을 통해 증명 과정의 중간 단계마다 문제가 없는지 검토하고, 문제가 있다면 해결방안을 찾아야 한다. 이 과정을 통해 하나의 명제를 증명하는 것이다. 하나의 명제를 증명하는 방법에는 한 가지의 답이 있는 것이 아니라 여러 가지의 답이 존재한다. 그렇기 때문에 "직각을 끼고 있는 두 변 a, b의 길이를 알면, 빗변 c의 길이는 어떻게 되는가?"를 물을 때 인공지능은 $c=\sqrt{(a^2+b^2)}$라고 답한다. 즉, 인공지능은 a=3이고 b=4라면 c=5라고 답을 할 수 있다. 하지만 왜 $c=\sqrt{(a^2+b^2)}$라는 공식이 나오는지 증명하라고 하면 인공지능은 증명하지 못한다. 그렇지만 인간은 증명하는 것이 가능하다. 바로 이런 점이 수학 분야를 인공지능이 대체할 수 없는 분야이다.

이외에도 컴퓨터 관련 분야, 특히 프로그래밍을 하는 분야는 새로운 것을 만들기 위해 끊임없이 생각하는 과정에서 나오는 창의력을 요구한다는 점에서 인공지능시대에 사라지지 않을 것이고, 건축가와 엔지니어도 컴퓨터 프로그래밍을 하는 것과 마찬가지로 창의력을 요구한다는 점에서 사라지지 않을 것이다. 관리·감독하는 일자리도 마찬가지다. 아무리 인공지능이라도 기계가 고장나면 스스로 고치지 못한다. 고칠 수 있는 것은 인간만이 할 수 있다는 점에서 인공지능시대에 사라지지 않을 것이라 예상한다.

이처럼 인공지능시대에도 사라지지 않거나, 새로 생겨날 일자리는 인간과 밀접한 관계가 있고, 인간만이 할 수 있는 능력을 요구한다. 이러한 것은 2016년 세계경제포럼 보고서뿐만 아니라 영국 옥스퍼드 대학교의 『고용의 미래』라는 보고서에도 잘 나타나 있다. 이 보고서에 따르면 레크리에이션 치료사, 작곡가, 만화가, 클래식 연주가, 배우 등을 인공지능이 대체할 수 없는 일자리로 꼽았다. 그렇다면 왜 이런 분야에서는 인공지능이 대체할 수 없는 것일까?

레크리에이션 치료사는 기본적으로 사람의 감정을 어루만져주는 직업이다. 사람의 감정은 정해진 답이 없고 상황마다 달라지는 것이어서 표준화할 수 없다. 그래서 표준화된 값을 토대로 하는 인공지능은 할 수 없는 것이다. 작곡가나 만화가도 창조적인 일을 하는 직업이다. 창조적인 일은 끊임없이 사고하고 질문하는 과정을 동반한다. 여기에다 사람의 감정이라는 요소가 더해지기 때문에 인공지능으로 대체될 수 없다. 물론 인공지능도 작곡하거나 만화를 그릴 수는 있겠지만 인간의 감성을 자극하지는 못한다. 바로 이런 부분을 인공지능이 할 수 없는 것이다. 클래식 연주가는 하나의 곡을 두고 각자가 다르게 해석해서 연주한다. 예를 들어 같은 쇼팽의 교향곡을 연주해도 조성진이 연주를 하느냐, 백건우가 연주를 하느냐에 따라 그 느낌이 달라진다. 마찬가지로 배우도 한 캐릭터를 누가 연기하느냐에 따라 느낌이 달라진다. 드라마 '이산'에서 이순재가 연기했던 영조와 영화 '사도'에서 송강호가 연기했던 영조의 느낌이 다르다. 그것은 영조라는 등장인물에 대해서 각자 다르게 해석했기 때문이다.

세계경제포럼의 보고서나 옥스퍼드 대학교의 『고용의 미래』 보고서에서 나타나듯, 4차 산업혁명시대의 인간의 일자리는 끊임없이 탐구하는 과정이 들어가는 인간만이 할 수 있는 영역이 특화된 곳에서 나올 것이다. 그런데 이런 일자리는 모든 인간이 가질 수 있는 것은 아니다. 어느 정도 자격을 갖춘 자만이 가질 수 있다. 이런 일자리를 얻을 수 있는 자격을 갖추기 위해서는 인간의 감성을 읽고, 끊임없이 탐구하는 능력을 키워야 한다.

인간에게 가장 필요한 것은 무엇인가

The future of artificial intelligence, man is the answer

현재 인류는 인공지능으로 대표되는 4차 산업혁명시대를 맞이하고 있다. 4차 산업혁명시대에는 이 시대에 맞는 역량을 갖춘 사람만이 혜택을 누리면서 살아갈 수 있다. 4차 산업혁명시대는 이전의 시대와 비교해서 한 차원 더 높은 능력을 인간에게 요구한다. 이전 시대에 기계적으로 단순하게 생각하고 움직이는 것을 원했다면, 4차 산업혁명시대는 스스로 복잡하게 생각하고 움직이는 것을 원한다. 한 마디로 창의와 융합이라는 핵심능력을 갖춘 사람을 원하는 것이다.

창의와 융합은 단순히 기계적인 생각으로는 발휘하기가 힘들다. 한 가지 문제를 두고 여러 각도에서 생각하고, 끊임없는 질문을 통해 현 상황에 맞는 최상의 방안을 찾는 과정에서 창의와 융합 능력이 발휘된다. 이 창의와 융합 능력이 없으면 시대의 흐름에 적응하지 못하고 도태될 수밖에 없다. 실제로 많은 학자가 4차 산업혁명시대를 살아가는 사람들에게 "인공지능이 인간을 대체할 수 없는 분야 즉, 인간만의 감정·지혜·직관이나 통찰에 기반을 두고 창의적으로 문제를 해결할 수 있는 직업"을 찾으라고 조언한다. 이 조언을 살펴보면 전문가들도 4차 산업혁명시대에 '창의력'을 중요하게 생각한다는 것이다. 그만큼 이 시대를 살아갈 사람들이 갖추어야 할 능력 중 가장 기본이 되는 것이 창의적인 능력이라는 것이다. 창의적인 능력이 있어야 서로 다른 것을 하나로 묶어 새로운 것을 만들어내는 융합하는 능력이 키워질 수 있다는 점에서 창의적인 능력의 중요성은 아무리 강조해도 지나치지 않다.

4차 산업혁명시대에 사라지지 않거나 새로 생겨날 일자리도 창의력을 바탕으로 해서 새로운 문제해결 능력을 요구한다. 새로운 문제해결 능력을 갖추기 위해서는 끊임없이 사고하고 질문하는 과정에서 길러진다는 점에서 창의와 융합 능력과 일맥상통한다.

"의사 선생, 선생님께 드릴 말씀이 있습니다. 이상한 꿈을 꾸었어요. 꿈에서 어떤 목소리가 소원을 말하라는 거예요. 내가 알고 싶은 것을 말하래요. 그러면 질문에 모두 대답을 해줄 거라고 하더군요. 그래서 제가 무얼 물어보았는지 아십니까? 나를 위해서 이 전쟁이 언제 끝날 것이냐고 물어보았지요. 무슨 말인지 아시겠소, 의사 양반? 나를 위해서 말이요. 저는 언제 우리가, 우리 수용소가 해방될 것인지, 우리의 고통이 언제 끝날 것인지 알고 싶었어요."

"언제 그런 꿈을 꾸었소?"

내가 물었다.

"1945년 2월에요."

그가 대답했다. 그때는 3월이 막 시작되었을 때였다.

"그래, 꿈속의 목소리가 뭐라고 대답합디까?"

그가 내 귀에다 나직하게 속삭였다.

"3월 30일이래요."

F는 희망에 차 있었고 꿈속의 목소리가 하는 말이 맞다고 확신하고 있었다.

하지만 약속의 날이 임박했을 때 우리 수용소로 들어온 전쟁 뉴스를 들어 보면 그 약속한 날에 우리가 자유의 몸이 될 가능성이 거의 없어 보였다. 3월 29일, F는 갑자기 아프기 시작했고 열이 아주 높게 올랐다. 3월 30일, 그의 예언자가 그에게 말해주었던 것처럼 그에게서 전쟁과 고통이 떠나갔다. 헛소리를 하다가 그만 의식을 잃은 것이다. 3월 31일에 그는 죽었다. 사망의 직접적인 요인은 발진디푸스였다.

인간의 정신상태(용기와 희망 혹은 그것의 상실)와 육체의 면역력이 얼마나 밀접한 연관을 가지고 있는지 아는 사람은 희망과 용기의 갑작스런 상실이 얼마나 치명적인 결과를 초래하는지 이해할 것이다. 내 친구의 죽음을 초래했던 결정적인 요인은 기대했던 해방의 날이 오지 않았다는 데 있었다. 그래서 그는 몹시 절망했으며, 잠재해 있던 발진디푸스 균에 대항하던 그의 저항력이 갑자기 떨어진 것이다. 미래에 대한 그의 믿음과 살고자 하는 의지는 마비되었고, 그의 몸은 병마의 희생양이 되었다.

빅터 프랭클의 『죽음의 수용소에서』 중에서

2차 세계대전 당시 끔찍한 수용소 생활을 견디면 살아남은 정신과 의사 빅터 프랭클은 죽음의 수용소에서 살아남은 사람들과 죽어간 사람들을 관찰하면서, 살아남은 이유를 '희망'에서 찾았다. 이는 프랭클이 수용소 생활을 끔찍했던 기억으로만 여긴 것이 아니라 끊임없이 생각하면서 의미를 찾아냈기에 '로고테리피'라는 치료 개념을 발견할 수 있었던 것이다.

우리가 끊임없이 사고하고 질문하는 것은 단순한 문제 즉, 답이 정해져 있는 문제의 답을 찾는 과정에서 하는 것이 아니라, 답이 정해져 있지 않은 그래서 현재 상황에 맞는 최선의 방법을 찾을 때 하는 것이다. 이런 일련의 과정은 오직 인간만이 할 수 있다. 그렇기 때문에 4차 산업혁명시대의 일자리는 이러한 것을 바탕으로 하는 곳에서 나올 수밖에 없다.

4차 산업혁명시대에 인공지능의 혜택을 누리면서 살아가기 위해서는 이 시대가 요구하는 능력을 갖추는 것이 중요하다. 그 능력은 인간으로 하여금 문제를 제시하고, 이 문제에 대해서 현재의 상황에 맞는 최선의 방안을 찾기 위해 끊임없이 탐구하는 것이다. 이 과정을 통해 이전에 했던 해결 방안에서 한 단계 업그레이드된 새로운 방안을 찾게 해준다. 바로 이것이 창의력이고 새로운 문제해결 능력이다. 이 속에서 우리는 시대가 요구하는 창의와 융합 능력을 가질 수 있고, 이것을 바탕으로 인공지능의 혜택을 누리면서 살아갈 수 있다.

경영, 재무, 관리·감독, 수학, 컴퓨터, 건축가, 엔지니어, 영업, 교육 등의 일자리나 레크리에이션 치료사, 작곡가, 만화가, 클래식 연주가, 배우 같은 4차 산업혁명시대에 살아남을 직업이나 일자리는 인간으로 하여금 깊이 탐구하는 것을 기본으로 한다. 즉, 이런 능력을 갖춘 자만이 4차 산업혁명시대에 사라지지 않을 일자리나 직업을 얻을 수 있을 것이다.

5장

[인공지능시대, 어떻게 살 것인가]

THE FUTURE OF
ARTIFICIAL INTELLIGENCE,
MAN IS THE ANSWER

길은 가까이에 있다. 그러나 사람들은 헛되이 먼 곳을 찾고 있다.
일은 해보면 쉬운 것이다.
시작하지 않고 미리 어렵게만 생각하기 때문에
할 수 있는 일들을 놓쳐버리는 것이다.

맹자

알파고의 등장으로 불을 지핀 인공지능시대는 되돌릴 수 없는 시대의 흐름이다. 지금 시대의 흐름이 인공지능이라고 하지만 인공지능이 모든 것의 만능키는 될 수 없다. 분명한 것은 오직 인간만이 할 수 있는 분야가 있다는 것이고, 그 분야를 찾아서 특화시킨다면 4차 산업혁명시대에 인간과 인공지능이 더불어 살아갈 수 있다는 점이다.

인간은 예전에도 인간만이 할 수 있는 것을 특화시켜서 시대의 흐름과 더불어 살아왔다. 우리는 그 예를 1차 산업혁명에서 찾을 수 있다. 당시의 생산방식이 공장제 수공업에서 공장제 기계공업으로 바뀌면서 가장 많이 타격을 받은 것은 장인들이었다. 장인들은 손으로 정성들여 물건을 만들기 때문에 공장에서 기계로 만드는 것과 비교하면 생산력에서는 떨어질 수밖에 없었다. 하지만 장인은 공장의 기계가 가지고 있지 않은 것을 가지고 있었고, 산업혁명 이전과 비교해서 그 수가 많이 줄었지만 여전히 오늘날까지 이어지고 있는 것이다.

지금은 우리가 정장 한 벌을 사고 싶으면 대부분 매장에 가서 내 사이즈에 맞는 옷을 직접 입어보고 산다. 하지만 이전에는 양복점에 가서 옷을 맞춰야 했다. 옷을 맞춘다는 것은 기성복처럼 옷의 사이즈에 내 몸을 맞추는 것이 아니라 내 몸에 옷을 맞추는 것이다. 이 때문에 양복점에 가서 옷을 살 때 가장 먼저 하는 것이 신체 사이즈를 측정했다. 그러고 나면 장인이 옷감을 자르고 바느질해서 한 벌의 옷을 만든다. 이렇게 옷을 만드는 데는 최소 5일 정도 걸린다. 장인이 만든 옷은 각 사람의 특성을 반영해서 만들기 때문에 착용감이 훨씬 편하고, 바느질도 정성들여 하기 때문에 기성복보다 내구성도 뛰어나다. 이처럼 양복점에서 장인에게 맞춘 정장은 착용감과 내구성이 공장에서 만든 제품은 절대로 흉내 낼 수 없는 부분이다.

이런 이유로 최근 한 정장 브랜드는 장인들과 협력해서 비싸지 않은 가격에 수제 정장을 맞춰 입을 수 있게 했는데 반응이 예상

외로 좋다고 한다. 장인의 손으로 만든 정장이 인기가 있는 것은 기계로 대량생산된 정장에서 느낄 수 없는 사람의 손길을 느끼기 때문이다. 장인이 만든 옷에서 느껴지는 사람의 손길은 곧 인간의 특징이라 할 수 있다.

인간 고유의 영역을 특화시켜라

The future of
artificial intelligence,
man is the answer

얼마 전 국내에 인공지능 외과 수술 로봇 '왓슨'이 들어왔다. 이것은 현재 외과 의사가 하고 있는 외과 수술을 인공지능 로봇이 대체하게 되는 것이 현실화되고 있다는 신호이다. 왓슨이 외과 수술을 대체하면 자연스레 외과 의사들의 일자리가 줄어들 수밖에 없다. 현재는 왓슨으로 인해 외과 의사들의 일자리가 위협받고 있지만, 머지않은 미래에는 내과를 진료할 수 있을 것이고, 질병을 진단할 수 있는 인공지능 로봇이 나온다면 진단검사의학과 등 다른 과 진료 의사의 일자리도 줄어들게 될 것이다.

인공지능이 인간의 생활 속으로 들어오면 단순한 육체노동을 하는 사람의 일자리뿐만 아니라 의사 같은 소위 엘리트들의 일자리도 줄어들게 되어, 인류는 현재보다 더 심각한 취업난에 직면할 수 있을 것이다. 그렇다면 현재보다 일자리 구하기가 더 심할 것으로 예상되는 인공지능시대에 인간이 할 수 있는 일은 어떤 것이 있을까?

인공지능이 보편화되어 우리 생활 속에 깊이 들어오는 것은 거스를 수 없는 시대의 흐름이다. 그래서 인간이 하던 많은 일이 인공지능으로 대체될 것이다. 이런 일은 인간이 할 수도 있지만, 인공지능이 하면 효율성이 높기 때문이다. 예를 들어 육체노동이나 비서 같은 일은 인간이 인공지능과 비교해 경쟁력에서 뒤떨어질 수밖에 없다. 이런 상황에서 인간은 어떤 일을 해야 하고 어떤 일자리를 만들어야 할까?

인공지능시대에는 오직 인간만이 할 수 있는 일을 찾아야 한다. 이전까지 당연히 인간이 했던 일이 인공지능으로 대체되는 마당에 오직 인간만이 할 수 있는 일이 존재하기는 하는지에 대한 의문이 들 것이다. 그런데 역사를 돌아보면 인간의 위기가 닥쳐왔을 때 인간만이 할 수 있는 일을 찾아서 해왔다.

초기 인류는 사냥이나 채집을 하면서 살아왔다. 사실 사냥이나 채집은 동물도 하는 것이다. 육식동물은 사냥해서 먹이를 구하고, 초식동물은 열매나 풀을 채집해서 먹이를 구한다. 인간과 같이 잡식하는 경우는 사냥과 채집 둘 다를 이용해서 먹이를 구한다. 이런 점에서 초기 인류는 여타 동물과 다를 바 없었다. 그러던 것이 신석기혁명이 일어나면서 동물과는 다른 길을 걷게 되었다.

인류의 역사에서 인류에게 큰 영향을 끼친 사건에는 항상 '혁명'이라는 단어를 붙인다. 신석기혁명, 산업혁명, 프랑스대혁명이 그것이다. 그 중 가장 먼저 혁명이라는 단어가 붙은 것이 '신석기혁명'이다. 구석기시대에는 자연 속에서 짐승을 찾아 사냥하거나 열매를 찾아서 먹었다. 반면 신석기시대에는 짐승을 길들여 가축으로 만들어 키우고 농사를 지어서 스스로 먹을 것을 생산하게 되었다. 스스로 먹을 것을 생산하는 것은 인간이 끊임없이 "어떻게 하면 먹을 것을 안정적으로 구할 수 있을까?"에 대해 생각한 끝에 내린 결론이다. 인간은 생각하는 존재이기 때문에 다른 동물과는 격이 다른 존재가 될 수 있었던 것이다. 그것은 인간만이 할 수 있는 것을 찾아서 만들었기 때문이다.

신석기시대에 시작된 농사는 인간의 패러다임을 바꿔 놓았다. 농사를 짓기 이전에는 먹이를 찾아서 이동했지만, 농사를 짓기 시작한 이후부터는 정착생활을 하게 되고 공동체를 이루기 시작했다. 그리고 그것이 커져서 국가를 이루게 되었다. 신석기시대에 시작된 이 변화는 인류에게 큰 영향을 끼쳤다. 오늘날에도 인류는 공동체를 이루어 살고, 농사를 지어 수확한 것을 먹고 산다. 신석기시대의 변화가 인류에게 얼마나 큰 영향을 주었는지 알 수 있는 점이다. 공동체를 이루고 농사를 짓는 신석기시대의 변화가 인류에 큰 영향을 끼치게 된 것은 인간만이 할 수 있는 것을 찾아서 극대화시킨 결과이다.

신석기시대에 변화가 인류의 역사에 처음으로 큰 전환점을 가져왔다면 18세기 영국에서 시작된 1차 산업혁명은 인류역사상 두 번째로 큰 전환점을 가져다준 사건이다. 1차 산업혁명 이전에는 필요한 물건을 직접 손으로 만들었다. 처음에는 집에서 가족들이 필요한 만큼 생산했다. 이것이 바로 가내 수공업이다. 그러던 것이 상인 계층이 나타나고 시장이 형성되면서, 사람들이 한 곳에 모여 물건을 생산하게 되었다. 이것이 이른바 가내 수공업에서 공장제 수공업으로 변환되는 계기이다.

공장제 수공업은 가내 수공업의 확장판이다. 공장제 수공업은 오늘날처럼 공장에서 일하는 사람이 분업하는 것이 아니라 공장에서 일하는 한 사람 한 사람이 제품을 처음부터 끝까지 만들었다. 예를 들어 옷을 만드는 공장에 100명의 사람이 있다면 공장제 수공업에서는 100명 모두가 옷 한 벌을 처음부터 끝까지 만드는 것이다. 이런 상황에서는 생산 속도 면에서 가내 수공업과 공장제 수공업의 차이가 없었다. 단지 만드는 사람의 수에서만 차이가 났다.

그러던 것이 제임스 와트가 증기기관을 발명하면서 상황이 바뀌었다. 증기기관의 발명으로 인류는 동물의 힘을 이용하는 것과 작별을 하게 되었다. 산업혁명 이전까지는 이동할 때 말을 탔고, 농사를 지을 때는 소를 이용하는 등 생활 속에서 동물은 빼놓을 수 없는 존재였다. 하지만 산업혁명 이후에는 동물이 하는 일을 대부분 기계가 대신하게 되었다. 이동할 때는 자동차를 이용하고, 농사를 지을 때는 농기계를 이용했다.

그리고 제품을 만드는 방식에도 큰 변화를 가져다주었다. 증기기관으로 움직이는 방직기와 방적기가 나오면서 제품의 대량생산이 가능하게 되었다. 공장제 수공업에서 한 명이 하루에 옷 한 벌을 만들었다면, 기계를 이용하면 열 배 이상을 만들 수 있게 되었다. 기계로 제품을 생산하면서 생활 속의 패러다임도 바뀌게 되었다. 이전에는 수공업으로 제품을 만들다 보니 항상 수요가 공급보다 많았다. 하지만 기계로 대량생산이 가능해지면서 공급이 수요보다 많은 상황이 되었다.

또한 산업의 중심도 농업이나 어업이 기반인 1차 산업에서 공업이 중심이 된 2차 산업으로 바뀌게 되었다. 공업이 중심이 되면서 농사를 짓던 땅에 공장이 들어서게 되고, 그 과정에서 소작小作으로 농사를 짓던 사람들이 하루아침에 일자리를 잃게 되었다. 이들은 공장에서 생계를 이어 가고 싶었지만, 공장에서는 이들을 100% 수용할 수 없었다. 공장도 이전에 100명이 하던 일을 기계가 대신 함으로써 50명만 있으면 되었기 때문이다. 그래서 많은 사람이 일자리를 구하지 못해 생계를 이어가는 데 위협을 느끼게 되었다. 직장을 구하지 못하는 사람이 늘어나자 이들은 자신이 일자리를 기계가 잠식하고 있다고 생각을 했고, 러다이트 운동을 벌이게 되었다.

이후 기계를 사용한 대량생산은 거스를 수 없는 시대의 흐름이 되었고, 그 속에서 인간은 살아갈 방법을 찾아야 했다. 그렇게 고민한 결과 나온 것이 인간만이 할 수 있는 일을 극대화시키는 것이었다. 그것이 바로 학문과 교육이었다. 경제학, 역사학, 물리학, 화학 등의 학문이 세분화되고, 현대적인 교육이 나온 것이 1차 산업혁명시대였다. 그 이전의 학문은 철학과 신학이 전부였고, 교육도 도제식 교육이 전부였다. 그러던 것이 산업혁명 이후로 바뀐 것이다.

공장에서 필요한 기계를 만들기 위해서는 기계를 설계할 수 있는 전문가가 필요하다. 그런 전문가를 양성하기 위해서는 교육자와 교육제도가 필요하고, 이들을 교육할 수 있는 교육기관도 필요하다. 또한 전문가를 양성하는 교육 외에도 숙련공을 양성하는 교육도 필요하다. 이때부터 교육이 많은 사람에게 확대되었고,

많은 학교가 세워지게 된 것이다.

교육이 확대된 것은 시대가 필요로 한 것이지만, 깊이 들어가 보면 교육은 인간만이 할 수 있는 분야이기 때문이다. 교육은 기본적으로 인간이 인간에 관한 것을 가르치고 배우는 것이다. 철학, 역사, 문학, 수학, 공학 등 인간이 교육을 통해 배우는 학문은 인간과 관계되는 것이다.

교육 외에도 의료, 복지 같은 산업도 오직 인간만이 할 수 있는 일이어서 산업혁명시대에 이를 극대화했다. 이런 산업이 인간만이 할 수 있는 일이라는 것은 이들의 기원을 거슬러 올라가보면 알 수 있다. 우리는 플라톤이나 공자를 철학자로만 알고 있지만, 이들은 교육을 강조하고 교육제도를 만든 교육자이기도 했다. 현대 의학의 아버지라고 불리는 히포크라테스도 철학자인 점을 보면 의료도 철학과 연결되어 있다. 그리고 복지도 마찬가지다. '측은지심'이라는 철학이 들어 있는 것이 복지이다.

신석기시대와 1차 산업혁명시대가 혁명의 시대로 불리는 것은 인류에게 큰 영향을 끼친 시대이기도 하지만 불확실성을 넘었던 시대이기 때문이다. 신석기시대에 야생동물을 길들여 가축을 만드는 것이나 농사를 짓는 것은 초기에는 성공확률이 적은 불확실한 것이었다. 산업혁명시대의 교육도 마찬가지였다. 하지만 인류는 이것을 성공적으로 수행했다. 인류가 성공적으로 불확실한 것을 극복한 데는 이것이 인간만이 할 수 있고, 시대의 흐름에 맞게 살아갈 수 있는 방법이었기 때문이다.

앞으로 다가올 인공지능시대도 마찬가지일 것이다. 인공지능 시대의 인간은 시대의 흐름과 더불어 살아가야 한다. 그러기 위해서는 인간은 인간만이 할 수 있는 일을 찾아서 극대화해야 한다. 인간만이 할 수 있는 일이란 결국 인간 본질에 관한 것이다. 인공지능 로봇이 인간을 대신해 수술할 수 있겠지만 인간의 심리를 치료할 수는 없다. 인간의 심리는 오직 인간만이 진단할 수 있고, 치료할 수 있다. 감정을 가지고 경험하고, 그것을 표현하는 것은 오직 인간만이 가능하다. 이처럼 인간의 본질에 관한 것은 인간의 특성이기도 하다.

인간의 특성이란, 정해진 답이 없는 문제의 해결 방안을 찾기 위해 끊임없이 생각하고 질문하는 것이다. 이 과정을 통해 인간은 새로운 것을 창조해왔다. 에디슨의 발명품이나 제임스 와트의 증기기관, 그리고 페이스북이나 인스타그램도 이런 과정에서 나온 것들이다.

인간의 감정이 드러난 부분을 특화시켜라

The future of

artificial intelligence,

man is the answer

어제는 하루 종일 비가 내렸어

자욱하게 내려앉은 먼지 사이로

귓가에 은은하게 울려 퍼지는

그대 음성 빗속으로 사라져버려

때론 눈물도 흐르겠지 그리움으로

때론 가슴도 저리겠지 외로움으로

사랑했지만 그대를 사랑했지만

그저 이렇게 멀리서 바라볼 뿐 다가 설 순 없어

지친 그대 곁에 머물고 싶지만 떠날 수밖에

그대를 사랑했지만

김광석의 '사랑했지만' 중에서

이 노래를 부를 줄 모르고, 이 노래의 가락을 모르는 사람도 가사를 보면 한눈에 이 노래가 슬픈 내용을 담은 노래라는 것을 알 수 있다. 헤어진 옛 연인을 우연히 봤지만 차마 가까이 다가갈 수 없고, 그저 멀리서 바라볼 수밖에 없는 상황은 누가 봐도 슬픈 상황이다.

우리가 김광석의 '사랑했지만'을 부르거나 들었을 때, 혹은 그 가사를 읽었을 때 '슬프다'라고 느끼는 것은 우리가 감정을 가지고 있고, 그것을 인간만이 가진 도구로 표현했기 때문이다. 감정은 인간 외의 동물도 가지고 있다. 집에서 키우는 강아지도 감정을 표현한다. 낯선 사람에게 으르렁 거린다거나, 주인에게 반가워서 꼬리를 흔드는 것은 감정의 표현이다. 이런 감정 표현은 강아지뿐만 아니라 다른 동물도 할 수 있다. 자신의 감정을 몸으로 표현하는 것은 본능적인 것이다. 몸짓을 사용해서 감정을 표현하는 것은 동물이 언어를 가지고 있지 않아서 표현할 수 있는 방법이 몸동작뿐이기 때문이다.

그런데 언어를 표현할 수 있는 인간도 자신의 감정을 몸으로 표현을 하는 경우가 있다. 그 이유는 무엇일까? 현재 인류가 한

국어, 영어, 프랑스어 등 여러 언어를 사용해서 자신의 감정을 표현하는 것을 당연하게 생각한다. 하지만 인류의 역사를 살펴본다면 이것은 당연한 것이 아니다. 최초의 인류 오스트랄로피테쿠스 이래 인간이 언어를 사용해서 자신의 감정을 표현할 수 있게 된 기간은 얼마 되지 않는다. 인류 전체의 역사를 24시간이라고 한다면, 인류가 언어를 사용해서 자신의 감정을 표현하기 시작한 시간은 빨리 잡아도 밤 11시 50분이다. 이런 것을 본다면 인간이 언어를 사용하는 것보다 몸짓을 사용해 감정을 표현한 시간이 훨씬 길다. 그렇기 때문에 인간은 지금도 여전히 몸짓으로 감정을 표현하는 것이다. 이것은 오랜 시간 동안 인간에게 잠재된 본능 때문이다.

몸짓으로 하는 감정 표현은 학습을 통해서 배우는 것이 아니라 직관적인 것이다. 예를 들어 갓 태어난 아기가 배고플 때 우는 것은 부모로부터 배운 것이 아니다. 아기는 직관적으로 자기의 감정을 부모에게 가장 잘 표현할 수 있는 것을 찾아서 표현한 것이다. 몸짓으로 감정을 표현하는 것이 동물적인 본능이라면 언어를 사용해서 감정을 표현하는 것은 인간만이 가진 특성이다. 김광석이 부른 '사랑했지만'의 가사를 떠올리면 '슬프다'라고 말하고, 유리상자가 부른 '신부에게'의 가사를 떠올리면 '기쁘다'라고 말하는 것은 오직 인간만이 할 수 있다. 이것은 '언어'가 인간이 만든 인간만이 가진 도구이기 때문이다.

기쁘다, 슬프다, 좋다, 나쁘다 등의 감정 표현은 서로 소통하기 위해 인간이 만든 도구인 언어로 표현한 것이다. 이런 감정은 학습해서 배우는 것이 아니라 직관적인 것이다. 인간은 그 누구도 이럴 때는 슬퍼해야 되고, 또 이럴 때는 기뻐해야 된다고 배우지 않는다. 단지 상황을 보고 판단해서 표현하는 것이다. 예를 들어 시험에 합격해서 '기쁘다'고 말하는 것은 누구한테 배우는 것이 아니라 직관적으로 나오는 것이다. 인간이 언어로 표현하기 이전에 이미 몸짓에서 감정이 나오기 때문이다.

인간은 말로 감정을 표현할 때는 언어를 학습해서 사용하지만 그 저변에는 직관적인 몸짓으로 하는 표현이 있다. 그래서 인간은 직관적으로 상황에 따라 기쁘다, 슬프다는 상황을 표현할 수 있다. 반면 인공지능은 그렇지 못하다. 인공지능의 바탕인 컴퓨터는 논리회로로 구성이 되어 있다. 이런 이유로 인공지능은 논리적이어서 인간처럼 감정을 직관적으로 표현하지 못한다. 예를 들어 구구단을 아는 인간에게 7×8의 값이 무엇이냐고 물어보면 바로 56이라고 대답한다. 반면에 컴퓨터는 논리적으로 이것을 따진 후에 답을 말한다. 컴퓨터가 C언어에서 7×8을 계산한다면 다음과 같은 과정을 거친다.

```
int a, b, c;
```

```
a = 7;
b = 8;
c = a×b;
```

쉽게 말해 7×8을 계산하기 전에 정보를 저장하는 저장장소인 a와 b에 저장된 숫자 7과 8이 정수인지부터 확인한다(C언어에서 int는 정수 즉 integer를 뜻한다). 7과 8이 정수이면 계산하고, 그 결과 값인 56을 정보 저장장소 c에 저장한다. 그리고 난 후 c에 56이 저장이 되면 56이 정수인지 확인해서 정수이면 비로소 7×8의 답이 56이라고 말한다.

인공지능은 논리적으로 계산하기 때문에 하나하나 논리적으로 검증한 후 답을 내지만, 인간은 직관적이다. 우리가 7×8을 계산할 때 숫자 7과 8이 정수인지 따지지 않고, 7×8의 답이 56이 정수인지도 따지지 않는다. 그냥 즉각적으로 답을 한다.

이런 특징은 계산하는 것뿐만 아니라 다른 분야에서도 마찬가지다. 우리는 김광석의 노래 '사랑했지만'의 가사를 보자마자 '슬프다'라고 생각한다. 그렇지만 컴퓨터는 가사 속의 단어 하나하나를 살펴서 슬픔을 암시하는 단어가 있는지 확인하고 그것이 있다면 그때 비로소 '슬프다'라고 판단한다. 김광석의 '사랑했지만'의 가사를 컴퓨터가 분석하면 "그저 이렇게 멀리서 바라볼 뿐 다가설 순 없어"라는 것이 슬픔을 뜻하기 때문에 노래가

'슬프다'라고 판단한다. 또는 "슬픔을 뜻하는 단어가 10개 이상이 들어가면 슬프다"라고 프로그램되어 있다면 "이 노래에는 슬픔을 뜻하는 단어가 11개 들어 있으니 슬프다"라고 판단하는 것이다.

인간이 느끼는 감정이라는 것은 직관적이기도 하지만 경험을 바탕으로 형성된 것이기도 하다(그래서 데이터화나 수치화할 수 없다). 김광석의 '사랑했지만'을 들으면 모든 사람이 슬프게 느끼지만, 가사 내용과 같은 경험을 한 사람은 슬픔의 강도가 더 심할 것이다. 또한 같은 곡을 부른다고 했을 때도 그 가사를 읽고 느끼는 정도가 사람마다 다르다. 그래서 노래를 들어보면 부르는 사람에 따라 느낌이 모두 다른 것이다. 이런 것은 사람마다 경험을 통해 얻은 느낌이 다 다르기 때문이고, 이러한 것은 수치로 계산할 수 있는 부분이 아니다.

하지만 인공지능은 인간처럼 각각 다른 경험을 하고 그것을 바탕으로 다른 감정을 표현할 수 없기 때문에 제대로 감정을 표현할 수 없다. 감정이란, 수치화해서 데이터로 만들 수 있는 것이 아니기 때문에 인공지능은 제대로 표현할 수 없는 것이다. 그래서 인간의 감정을 다루는 작곡가, 클래식 연주가, 만화가, 예술가 등은 인공지능시대에도 사라지지 않은 직업으로 많은 미래전문가들이 꼽고 있는 것이다.

인간의 감정처럼 수치화해서 데이터로 만들 수 없는 부분은 인간만이 할 수 있는 분야이다. 인간의 감정은 경험을 바탕으로 한 생각에서 나오는 것이어서 수치화할 수 없다. 인간의 감정은 많은 생각을 통해 나타난다. 즉, 끊임없이 탐구하는 과정을 통해 나타난다.

이런 점에서 인공지능시대에 인간이 할 수 있는 일자리는 인간의 특성을 가장 잘 보여주는 곳에서 나올 수밖에 없다. 그 특성이란 데이터화하거나 수치화할 수 없는 자료에서 의미를 찾는 분야이다.

인간의 감성에 호소하는 것을 특화시켜라

The future of
artificial intelligence,
man is the answer

문이 홱 열리면서 헌병 세 명이 장발장을 끌고 나타났다.

"주교님……."

헌병 하나가 경례를 올려붙이고는 주교에게로 다가왔다. 고개를 푹 숙이고 있던 장발장이 주교라는 소리에 화들짝 놀라며 얼굴을 들었다.

"주교라고! 그냥 사제도 아니고……."

헌병이 장발장의 머리를 한 대 쥐어박았다.

그러는 동안 어느새 주교는 장발장에게 다가가 있었다.

"아, 노형이구먼! 반갑소. 그런데 이게 웬일이오? 당신한테 촛대도 드렸는데 이건 왜 잊어버리고 가셨소? 이것도 은이니까 이백 프랑쯤은 받을 수 있을 거요."

장발장은 믿을 수 없다는 눈빛으로 그 거룩한 주교를 바라보고만 서 있었다.

그의 얼굴은 뭐라고 형언할 수 없는 표정으로 굳어 있었다.

"주교님, 그럼 이자가 거짓말한 게 아니란 말씀입니까? 저희는 이자를 보고는 분명 도망치는 거라고 생각해 붙잡아 조사해 보았더니, 글쎄 이 은그릇들이 나오지 뭡니까……."

주교는 빙그레 웃으며 헌병의 말을 잘랐다.

"이 사람이 이렇게 말했겠지요. 잠을 재워준 늙은 신부가 이걸 주었다고요. 맞아요. 내가 주었어요."

"그러면 그냥 보내도 되겠습니까?"

"물론이죠."

주교는 장발장에게 말했다.

"노형, 이번엔 당신 촛대를 잊지 말고 가져가시오."

빅토르 위고의 『레미제라블』 중에서

빅토르 위고의 소설 『레미제라블』에 나오는 내용이다. 소설 속 마리엘 주교는 19년을 감옥에서 보내고 나와 오갈 데 없는 장발장에게 음식을 주고 하룻밤을 재워준다. 그런데 장발장은 성당에서 은접시를 훔쳐 도망가다가 헌병에게 잡혀 주교 앞에 다시 나타난다. 이때 장발장에게 측은지심을 느낀 마리엘 주교는 헌병에게 자신이 은접시를 준 것이라고 말하며 장발장을 풀어달라고 한다. 여기에 더해 은촛대까지 자신이 준 것이라며 장발장에게 가져가라고 한다. 마리엘 주교는 19년간 감옥에 있었던 장발장을 그저 범죄자가 아닌 불쌍한 한 인간으로 바라보고 은접시를 훔쳐간 장발장을 용서한 것이다. 마리엘 주교가 겉으로 표현하지는 않았지만, 마음으로는 '자네 사정 알고 있으니, 이번 일을 내가 용서할 것이다. 이것을 가지고 무엇이든 해보라. 그리고 다시는 나쁜 짓을 하지 마라'는 메시지를 보낸 것이다. 이 메시지는 마리엘 주교가 장발장의 감정에 호소하는 것이다. 따지고 보면 장발장이 훔친 은접시를 자신이 준 것이라고 한 것부터가 감정에 호소한 것이다.

만약 그 상황에서 마리엘 주교가 헌병에게 "이자가 은접시를 훔쳐간 것이 맞다. 간밤에 은접시 몇 개가 없어졌다. 저 사람을 처벌해 달라"고 했다면 어떻게 되었을까? 그렇다면 장발장은 다시 감옥에 갔을 것이고, 19년보다 더 긴 세월을 감옥에 갇혀 있지 않았을까. 이렇게 되면 『레미제라블』의 내용도 달라졌을 것이다. 달라진 내용의 소설이라면 감정에 호소하는 내용이 빠지기 때문에, 재미도 없고 감동도 없을 것이다. 당연히 영화나 뮤지컬

로도 만들어지지 않았을 것이다.

소설뿐만 아니라 우리 생활 속에서도 감정에 호소하는 경우가 많다. 빵을 훔쳐 먹다가 잡혀서 징역형을 받고 감옥에 간 사람을 뉴스로 접하면 감성에 호소한다는 느낌보다는 그냥 합당한 죗값을 받았다고 느낀다. 만약 취업이 되지 않아 일자리가 없어 일주일 동안 아무것도 먹지 못하다가 배가 고파서 빵을 훔쳐 먹다 잡혔다는 기사를 볼 때는 어떨까.

"재판장님, 피고인은 앞날이 창창한 젊은이입니다. 이 젊은이는 취업하지 못해 돈이 없어서 일주일 동안 아무것도 먹지 못했고, 허기를 채우기 위해 빵 하나를 훔쳐 먹었습니다. 만약 이 젊은이가 취업해서 돈이 있었다면 빵을 훔쳤을까요? 제 생각에는 그러지 않았을 것입니다. 그리고 지금처럼 청년실업이 심하지 않았다면 이 젊은이도 어딘가에서 일하고 있었을 것입니다. 이 젊은이가 굶주려서 빵을 훔친 것도 이 사회 때문이지, 이 청년의 마음이 그런 것은 아닙니다. 재판장님 부디 이 젊은이의 딱한 사정을 생각해서 선처해주시기 바랍니다."

법정에서 변호사가 이렇게 말을 했다면 사람들의 반응은 어떨까. 아마도 재판장은 선처를 해줄 것이고 사람들의 반응도 모두 제각각인 것이다.

"저 청년 너무 딱하다."

"사회가 이렇게 만들었잖아. 만일 취업이 잘 되었으면 저리지도 않았을 거야."

"저 젊은이한테 기회를 한 번 더 줘야지."

그렇다면 왜 이런 반응이 나올 수 있을까. 이것은 감성에 호소하는 인간만의 본능이 있기에 가능한 것이다.

만약 이것을 인공지능 변호사가 변호한다고 가정해 보면 어떨까. 아마도 인공지능은 감성에 호소하는 능력이 없기 때문에 법이나 판례에 따라 판단해 달라고 할 것이다(인간은 법과 판례가 있어도 시대적, 사회적 상황에 따라 유연하게 판단을 할 수 있다). 기본적으로 인공지능은 감정을 느낄 수 없는 존재이기 때문에 그렇다. 감정을 느끼지 못하므로 감성에 호소할 수 없는 것이다. 감성에 호소하는 능력은 인간만이 가진 고유한 능력으로 인간의 무늬이자 인간의 특성이다. 이 특성은 수없이 생각하고 질문하는 과정에서 형성된다. 이것이 바로 주어진 상황에 맞는 최선의 방안을 찾는 과정이다.

우리가 접하는 문학 작품에서 감성에 호소하는 부분이 잘 드러나는 것은 이런 이유 때문이다. 그래서 인공지능이 소설을 쓸 수 있다고는 하지만, 그 내용 면에서 인간이 쓴 그것과 비교할 때 감성에 호소하는 부분이 약할 수밖에 없다. 또한 인간이 만든 광고와 인공지능이 만든 광고를 비교해도 마찬가지로 인간이 만든 것이 훨씬 감성에 호소하는 부분이 강하다. 이는 다시 말해 감성에 호소하는 것은 인간만이 할 수 있는 능력이라는 것을 보여주는 것이다.

인공지능시대의 인간이 가야 할 길은 인간만이 할 수 있는 감성에 호소하는 것을 특화시키는 것이다.

인간의 감각표현능력을 특화시켜라

The future of artificial intelligence, man is the answer

어린 시절 나는 바다와 가까운 곳에서 살았다. 바닷가에 살면 좋은 것이 도시에서는 접하기 어려운 싱싱한 생선을 많이 맛볼 수 있다. 특히 생선회는 도시에서 먹는 것보다 훨씬 더 맛있고 싱싱하다. 회를 먹으면 곁들어지는 것이 회를 뜨고 남은 생선뼈를 넣고 끓인 매운탕이다. 이것은 우리 집도 예외가 아니었다. 가족 모두가 회를 좋아해서 자주 먹었고, 회를 먹는 날에는 매운탕도 같이 먹었다. 그런데 나는 회를 먹는 것은 좋아했지만 매운탕은 몇 숟가락밖에 먹지 못했다. 매운 음식을 좋아하지 않는 내게 매운탕을 먹는 것은 고역이었다. 하지만 부모님은 매운탕을 잘 드셨고, 매운탕을 드시고 나서는 항상 '시원하다'는 말을 했다.

부모님께서 매운탕을 드시고 '시원하다'고 말하는 것이 나로서는 이해가 되지 않았다. 매운탕은 이름 그대로 매운 음식인데, 이것을 먹었다면 '엄청 맵다'거나 '덜 맵다'는 등의 반응이 나와야 된다고 생각했다. '시원하다'는 반응이 나올 것이라고 생각하지 않았다. 또, 한 가지 이해 가지 않았던 것은 땀을 뻘뻘 흘리면서 매운탕을 먹는데도 '시원하다'고 말하는 것이었다. 땀을 뻘뻘 흘리면서 먹을 정도면 '덥다'거나 '후끈하다는 등의 말이 나와야 된다고 생각했다.

매운탕을 먹고 나서 어떤 사람은 '시원하다'고 말하고, 또 어떤 사람은 '맵다'고 말한다. 그렇다면 매운탕을 먹고 나서 나오는 반응 중 어느 것이 정답일까. 이 질문의 답은 '어느 것이 정답이고, 어느 것이 오답'이라고 정의할 수 없다는 것이다. 내가 매운탕을 먹고 '시원하다'고 느끼는 것은 그것을 먹고 꽉 막혔던 속이 '뻥 뚫렸다'는 느낌을 받았기 때문일 것이다. 마찬가지로 매운탕을 먹고 입 속에서 불이 타오를 정도의 느낌을 받았다면 '맵다'고 느낄 것이다. 그래서 매운탕을 먹고 나서 나오는 반응은 내가 느끼는 것이 바로 정답이다.

같은 매운탕을 먹었어도 사람마다 반응이 다른 것은 개인마다 강하게 느끼는 감각이 다르기 때문이다. 그래서 감각을 사용해서 느끼는 것은 정확한 수치로 나타낼 수 없는 것이다. 이런 주장을 두고 어떤 사람은 "TV에서 과일의 당도를 당도측정계로 측정해서 어느 정도 이상이면 달다고 하는 것을 봤는데, 이것은 정확한 수치로 나타낸 것 아니냐"고 반문할 것이다.

그런데 당도계의 수치로 측정한 값은 '달다'로 나왔지만 실제로 그것을 직접 먹었을 때는 '싱겁다'거나 '달지 않다'고 느끼는 경우도 있다. 그렇다고 해서 당도측정계로 측정한 값이 잘못되었다는 것은 아니다. 단지 사람마다 단맛을 느끼는 정도가 다르기 때문이다.

어떤 사람은 당도측정계로 측정한 기준보다 낮은 수치에서 단맛을 느낄 수 있고, 또 어떤 사람은 그것보다 훨씬 높은 수치에서 단맛을 느끼지 못하는 경우도 있다. 당도측정계로 측정한 값이 설정한 기준을 넘어 '달다'라고 정의를 했지만, 사람이 그 맛을 봤을 때 반응이 다른 이유는 사람이 맛을 판단하는 기준이 사람마다 제각각이기 때문이다. 당도측정계로 측정한 값은 절대적인 것이지만 사람이 먹어서 판단을 하는 것은 상대적이다. 즉, 사람의 입맛은 데이터화나 수치화할 수 없는 것이다.

상대적인 값을 보이는 것은 맛을 보는 것뿐만 아니라 다른 감각을 사용할 때도 마찬가지다. 예를 들어 김광석의 노래 '이등병의 편지'를 들었을 때의 느낌도 사람마다 다른 것이다. 이 노래를 군대를 갔다 온 예비역이 듣고 느끼는 것과 현역 군인이 듣고 느끼는 것, 그리고 입대를 앞둔 사람이 듣고 느끼는 것은 모두 다르다. 이 노래를 같은 현역 군인이 듣는다고 해도 제대를 앞둔 말년 병장이 느끼는 것과 훈련소에서 기초훈련을 받는 훈련병이 느끼는 것은 다르다. 또한 이 노래를 나이가 비슷한 사람이 듣는다고 해도 남자가 들었을 때와 여자가 들었을 때의 느낌은 다르다.

김광석이 부른 '이등병의 편지'라는 같은 노래를 듣고도 사람마다 느끼는 것이 다른 것은 각자가 가지고 있는 생각이 다르기 때문이다. 예비역이 이 노래를 들으면 군대시절 재미있었던 에피소드를 떠올리며 그 시절을 추억할 것이다. 반면 입대를 앞둔 사람이 들으면 앞으로 펼쳐질 군 생활에 대한 두려움으로 가득찰 것이다. 이처럼 '이등병의 편지'를 듣고 사람마다 느낌이 다른 것은 이 노래의 가사 내용보다는 자신이 받은 느낌이 더 강하게 작용하기 때문이다.

인간이 오감을 통해서 느끼는 것은 1+1=2라는 것처럼 확실한 정답이 존재하지 않는다. 정답이 존재하지 않기 때문에 오답 또한 존재하지 않는다. 이것은 절대적인 값은 존재하지 않고 상대적인 값만 존재한다는 것이다. 상대적인 값은 수치화하고 체계화할 수 있는 절대적인 값과는 달리 수치화하고 체계화할 수 없다.

상대적인 값은 컴퓨터 프로그램으로 코딩할 수 없다. 컴퓨터 프로그램은 절댓값을 수치화해서 나타낸다. 그렇기 때문에 기준이 존재한다. 우리나라 사람들 대부분이 가지고 있는 운전면허 시험도 합격과 불합격을 가르는 기준이 존재한다. 운전면허 시험 중 장내 기능시험은 컴퓨터가 자동으로 채점을 한다. 면허시험용 자동차 안에 측정기가 부착되어 있고, 그 측정기에 코스를 완주했을 때 80점 이상이면 합격이고, 80점 미만이면 불합격이라고 판단을 하는 프로그램이 깔려 있다. 이를 C언어 프로그램으로 코딩을 한다면 다음과 같다.

```
int score;
string result;
if score >= 80 than
result = '합격'
else
result = '불합격'
```

(int는 정수, string은 문자열을 뜻함)

이와 같이 컴퓨터가 운전면허 장내 기능시험의 합격 여부를 판단할 수 있는 것은 80점이라는 절대적인 기준이 있기 때문이다. 이 기준이 있기에 이것을 토대로 판단할 수 있는 것이다. 절대적인 기준이 없다면 이런 프로그램도 불가능했을 것이다.

절대적인 값만 표현하는 것은 인공지능도 마찬가지다. 인공지능도 기본적으로 설정된 기준을 바탕으로 판단한다. 예를 들어 인간처럼 감각을 느끼는 것처럼 보이는 로봇도 그 안의 프로그램을 보면 절대적인 기준 값이 있다. 프로그램에서 설정한 기준이 넘는 충격이 들어오면 '아프다'고 말하게 되어 있다. 반면 인간은 제각각 기준이 다르다. 같은 40의 충격이 몸에 전해졌을 때 어떤 사람은 '아프다'고 말하고, 또 어떤 사람은 '전혀 아프지 않다'고 말한다. 이것은 사람마다 '아프다'고 느끼는 기준이 다르기 때문이다.

이처럼 상대적인 값을 표현하는 것은 오직 인간만이 할 수 있는 인간 고유의 특징이다. 인간은 저마다 경험하고 느끼는 것이 달라서 절대적인 기준 값을 정할 수 없다. 그래서 인간은 다양하게 느낌을 표현할 수 있는 것이다. 반면 인공지능은 인간만큼 다양한 경험을 하지 못하기 때문에 상대적인 값을 표현할 수 없다. 인간은 상대적인 값을 표현할 수 있기 때문에 한 가지를 다양한 시각으로 볼 수 있다. 예를 들어 논어와 장자에 모두 '공자'가 나오지만 공자를 보는 시각의 차이가 있는 것이다. 논어 속의 공자는 '본받아야 할 스승'으로 나오지만 장자 속의 공자는 '조롱의 대상'이다. 유가와 도가에서 '공자' 한 사람을 놓고 다르게 평가한 이유는 그들이 가지고 있는 기준이 다르기 때문이다.

같은 맥락에서 고려 때 우리나라에 목화씨를 들여온 문익점도 보는 시각에 따라 다르게 판단을 할 수가 있다. 우리나라 입장에서 본다면 문익점은 한 겨울 추위를 해결할 수 있는 옷감의 원료를 가져다 준 '도움을 준 일을 한 사람'으로 인식하지만, 중국의 입장에서 보면 국외 반출을 엄격히 제한한 물품을 반출한 '산업 스파이'로 인식한다. 또한 같은 셜록 홈즈라도 작가에 따라 다르게 묘사된다. 코난 도일의 소설 『홈즈 시리즈』 속에 나오는 홈즈는 명탐정으로 묘사되지만, 모리스 르블랑의 소설 『루팡 시리즈』에 나오는 홈즈는 명탐정이 아니라 그저 평범한 사람으로 묘사된다. 이처럼 한 인물이나 한 사건을 놓고 사람마다 각각 다르게 평가하는 것은 보는 사람마다 설정한 기준이 다르기 때문이다.

인간은 한 사람이나 하나의 사건을 두고 그것을 여러 가지 시선에서 바라보기 때문에, 상황에 따라 여러 가지의 관점이 나올 수 있는 것이다. 그것은 끊임없이 생각하고 질문하는 과정이 동반되어야 가능하다. 인간의 생각, 사상, 삶은 절대적인 기준이 있는 것이 아니라 상대적인 기준만이 존재한다. 이는 다수의 사람들이 바라보는 일반적인 시선으로 바라본 것이 아니라 자신만의 시선으로 바라보면서 끊임없이 탐구한 결과를 통해서 나타나는 것이다.

이처럼 인간이 상대적인 값을 표현할 수 있는 것은 하나의 사물이나 현상을 일반적인 시선이 아니라 자신만의 독특한 시선으로 바라보는 능력이 있기 때문이다. 이 과정을 통해 인간은 많은 것을 창조해왔다. 이런 창조성은 인공지능이 흉내 낼 수 없는 능력이다. 그래서 창조성을 인공지능시대를 살아갈 인간에게 요구되는 필수적인 능력으로 꼽는 것이다.

인간의 윤리를 특화시켜라

The future of artificial intelligence, man is the answer

인간과 원숭이는 집단을 이루고 그 속에서 살아간다는 공통점을 가지고 있다. 그런데 인간이 이루는 것은 '사회' 또는 '국가'라고 부르고, 원숭이가 이루는 것은 '무리'라고 부른다. 겉으로 보기에는 비슷한 인간 집단과 원숭이 집단을 다르게 부르는 이유는 무엇일까? 그 이유는 인간이 이루는 집단에는 도덕과 윤리가 존재하지만, 원숭이가 이루는 집단에는 그것이 존재하지 않기 때문이다.

'사회'나 '국가' 같은 인간이 이루는 집단에는 지켜야 될 규율이 존재하고, 그것을 대표하는 것이 '법'이다. '법'이란 인간이 집단을 이루고 살아가는 사회가 안정이 되고, 발전할 수 있게 하기 위해 지켜야 할 최소의 규범이다. 법은 '도덕' 즉, '윤리'에 바탕을 두고 있다. 이 세상에 존재하는 많은 도덕 중 최소한 이것만은 지키자면서 만들었고, 지키지 않았을 때 그에 따른 벌을 받도록 한 것이 법이다. 그래서 법을 '최소한의 도덕'이라고 하는 것이다.

인간이 이루고 살아가는 집단에서는 법이 존재하기 때문에 그 법에 따라 행동해야 한다. 이와 반대로 원숭이 집단에는 법이 없다. 그래서 어떤 원숭이 한 마리가 집단을 이끄는 우두머리를 이길 수 있는 힘이 있다고 생각되면 우두머리와 대결을 벌인다. 대결에서 지는 원숭이는 무리에서 나와야 되고, 이기면 자신이 우두머리가 될 수 있다. 반면, 인간의 경우는 자신이 아무리 우두머리를 이길 수 있는 힘이 있다고 해도 우두머리를 공격해서 함부로 그 자리를 빼앗을 수 없다. 그 자리를 빼앗으려면 명분이 있어야 하고, 그 명분은 법에 따른 것이어야 한다. 원숭이의 경우는 우두머리를 공격할 때 어떤 명분도 만들지 않는다. 이것이 인간과 원숭이의 차이점이다.

얼마 전 우리는 우리 손으로 직접 뽑았던 대통령을 우리 힘으로 그 자리에서 끌어내렸다. 국민들이 직접 손으로 뽑은 대통령을 자리에서 끌어내릴 수 있었던 데는 법에 근거한 명분이 있었기에 가능했다. 우리나라 헌법 1조 2항에는 "대한민국의 주권은 국민에게 있고, 모든 권력을 국민으로부터 나온다"라고 되어 있다. 이 헌법 조항에 따르면 대통령은 국민들로부터 권한을 위임받은 것이지, 국민이 권력을 준 것은 아니다. 이 때문에 대통령이 권한을 국민으로부터 위임받았으면 그것을 위임해 준 사람을 위해서 사용해야 하는 것이다.

또한 헌법 7조 1항에는 "공무원은 국민 전체에 대한 봉사자이며, 국민에 대하여 책임을 진다"는 조항이 있다. 이 조항에 따르면 대통령도 공무원이다. 공무원이라면 국민을 위해 봉사하고 책임져야 한다. 결정적으로 헌법 69조에는 대통령은 취임에 즈음하여 다음의 선서를 한다.

"나는 헌법을 준수하고 국가를 보위하며 조국의 평화적 통일과 복리의 증진 및 창달에 노력하여 직책을 성실히 수행할 것을 국민 앞에 엄숙히 선서합니다."

이 조항에는 분명히 헌법을 준수한다고 되어 있다. 그런데 대통령이 국민으로부터 위임받은 권한을 그것을 위임해 준 사람들을 위해 사용하지 않고, 특정한 사람의 사적인 이익을 위해서 사용했으며 헌법 수호의 의지가 없었기 때문에 파면당한 것이다. 국민들이 직접 손으로 뽑은 대통령을 자리에서 끌어내릴 수 있었던 것은 이 명분에 따라 법에 의한 합법적인 절차에 따랐기 때문이다.

최고의 자리에 있는 사람을 끌어내린 것은 민주주의 사회에만 있었던 건 아니다. 과거 왕이 절대적인 권력을 행사하던 시기에도 있었다. 그 시기에도 왕을 쫓아낸 사람은 법에 따른 명분을 가지고 쫓아냈다. 1623년에 일어난 인조반정이 그랬다. 인조반정은 권력의 중심에서 밀려나 있던 서인들이, 권력을 잡기 위해 당시 왕이었던 광해군을 폐위시키고 능양군(훗날의 인조)을 왕으로 옹립한 사건이다. 광해군 때 정치의 중심에서 철저하게 배제되었던 서인들은 명분을 만들어 나왔다. 그들은 그 명분을 『맹자』에서 찾았다.

제나라 선왕이 물었다.

"탕왕은 걸왕을 내쫓았고[1], 무왕은 주왕을 정벌[2]했다고 하는데, 그런 사실이 있습니까?"

맹자가 대답했다.

"전해 오는 기록에 그러한 사실이 있습니다."

왕이 물었다.

"신하가 임금을 시해[3]하는 것이 옳습니까?"

맹자가 대답했다.

"인仁을 해치는 자는 남을 해치는 사람이라고 하고, 의義를 해치는 자는 잔인하게 구는 사람이라고 합니다. 남을 해치고 잔인하게 구는 자는 인심을 잃어 고립된 사람일 뿐입니다. 저는 인심을 잃어 고립된 사람인 걸과 주를 처형했다는 말은 들었어도 군주를 시해했다는 말은 듣지 못했습니다."

『맹자』 양혜왕 하편 중에서

『맹자』 양혜왕 하편에서 맹자는 포악하고 백성을 억압함으로써 군주다움을 상실한 군주는 이미 군주가 아니라 한 명의 무도한 사람에 불과하다고 주장했다. 그래서 맹자는 탕왕과 무왕이 걸왕과 주왕을 내쫓거나 죽인 것은 신하가 군주를 죽인 것이 아니라, 인과 의를 해치는 무도한 한 사람을 처벌한 것일 뿐이라고 말한다. 인조반정을 일으킨 서인들이 바로 이것을 바탕으로 명분을 만들어 광해군을 끌어내린 것이다.

『맹자』에서 찾은 그들의 명분은 폐모살제廢母殺弟[4]와 명나라에 대한 배신이었다. 당시 조선은 유교국가로 가장 중시했던 것이 충과 효였다. 서인들은 광해군이 어머니인 인목대비를 폐하고,

---

1. 하나라의 마지막 왕인 걸왕이 포악한 정치를 행하자 하나라의 제후로 있던 탕왕이 군대를 일으켜 걸왕을 내쫓고 남소 지역에 유배시킨 것을 맹자는 '탕왕이 걸왕을 내쫓은 것'이라고 말함.
2. 은나라의 주왕이 무도한 정치를 행하자 은의 제후로 있던 무왕이 군대를 일으켜 은을 정벌한 맹자는 '무왕이 주왕을 정벌한 것'이라고 말함.
3. 주왕이 무왕의 정벌로 인해 스스로 몸에 불을 질러 죽은 것을 제나라 선왕이 '신하가 임금을 시해하는 것'이라고 말함.
4. 인조반정의 명분인 폐모살제는 태종이 일으킨 1, 2차 왕자의 난을 본다면 명분으로서는 약하다. 또한 명나라를 배신한 것도 국제정세에 따라 자기 나라에 이익을 되는 것을 선택하는 것을 봐도 명분으로서는 부족한 것은 사실이다. 그래도 이런 명분이 있어서 인목대비에게나 명나라에게 승인을 받을 수 있었던 것이다.

동생인 영창대군을 죽인 것을 폐모살제로 규정했다. 또한 명나라와 후금의 전투에서 임진왜란 때 조선을 도와준 명나라를 배신하고 강홍립이 후금에 항복한 것을 대국(명나라)에 대한 불충이라고 규정했다. 이것이 그들이 인조반정을 일으킨 명분이었다. 그들 입장에서는 인조반정이 '신하가 군주를 끌어내린 것이 아니라 인과 의를 해치는 무도한 사람을 처벌한 것'뿐이다.

인조반정을 역사적으로 본다면 서인들이 정권을 잡으려고 일으킨 사건일 뿐이다. 그들은 명분을 만들어 당시 왕실 최고 어른이었던 인목대비에게 허락을 받았고, 명나라에게까지 허락을 받아냈다. 이런 점에서 인간과 동물의 차이를 만든 것이다.

인간이 명분을 만드는 것은 좁게 보면 스스로 법을 만들 수 있는 능력을 가지고 있다는 것이고, 넓게 보면 도덕규범을 만들 수 있는 능력이 가지고 있다는 것이다. 예를 들어 자동차가 없던 시절에는 도로교통법, 자동차 법, 교통사고에 관한 법은 필요하지 않았다. 하지만 자동차가 대중화되고 교통사고 사망자가 생기기 시작하자 이전에는 없던 새로운 법을 만들었다. 이것과 마찬가지로 90년대 들어 인터넷이 대중화되면서 온라인상에서 대화하는 빈도가 높아졌다. 온라인상에서는 직접 얼굴을 보고 대면하는 것에 비해 자신의 정보가 덜 노출되는 점을 악용해서 새로운 사건이 많이 발생했다. 따라서 정신적으로 많은 피해를 보게 되는 사람이 늘어나게 되자 '사이버 명예훼손죄'와 같은 법률이 만들어지게 되었다.

이처럼 인간은 사회 변화에 맞추어 그에 맞는 법을 새로 만들고 그것을 지키도록 하고 있다. 이것은 기본적으로 인간이 윤리적이라는 전제를 바탕으로 한다. 윤리란, '사람이 지켜야 할 도리', '실제의 도덕규범이 되는 원리'라는 것을 내포하고 있기 때문이다.

인간은 스스로 도덕규범을 만들어 지키고 있다. 이 도덕규범 중 꼭 지켜야 하고, 지키지 않았을 때 벌을 받도록 만든 것이 법이다. 이 법은 인간이 구성원의 합의를 거쳐 스스로 만든 것이다. 법을 만들고 지키게 하는 것은 오직 인간에게만 적용될 수 있는 부분이다. 이것은 도덕규범을 포함한 윤리가 인간이 직접 경험한 것을 바탕으로 만들어졌기 때문이다. 그래서 인간은 변화하는 사회의 흐름에 맞춰 법을 개정하거나 새로 만들 수가 있는 것이다.

결국 윤리도 인간과 관련이 있고, 인간만이 할 수 있는 인간 고유의 영역이기에 인공지능시대에 특화시켜야 하는 것이다.

인간의
공감능력을
특화시켜라

The future of

artificial intelligence,

man is the answer

태어날 때부터 내 피부는 검은 색

태양 아래 있어도 검은 색

무서울 때도 검은 색

아플 때도 검은색

죽을 때도 여전히 나는 한 가지 검은 색이랍니다.

그런데 백인들은요

태어날 때는 핑크색이잖아요

자라서는 흰색

태양 아래 있으면 빨간색
추우면 파란 색
무서울 때는 노란 색
아플 때는 녹색이 되었다가
죽을 때는 회색으로 변한다.
이래도 당신은 나를 유색인종이라고 할 수 있나요?

아프리카 어린이가 쓴 'UN이 선정한 최고의 동시'로 선정된 작품이다.

이 동시에서 아프리카 어린이는 백인들이 자신들을 제외한 황인과 흑인을 유색인종으로 취급하며 차별하는 것에 대한 경각심을 심어주고 있다. 이 시에서 흑인들은 더울 때나, 추울 때나, 기쁠 때나, 슬플 때나, 태어나서 죽을 때까지 피부색이 검은 색 한 가지뿐이다. 그렇지만 백인은 태어날 때부터 죽을 때까지 피부색이 여러 가지로 변한다. 이것을 본 아프리카 어린이는 늘 한결같은 피부색을 유지하는 흑인이 유색인종이 아니고, 상황에 따라 피부색이 변하는 백인을 유색인종이라고 주장하고 있다. 이 시에서 아프리카 어린이는 자신과 같은 사람을 유색인종이라고 부르는 것은 인종차별이고, 백인이 황인이나 흑인에게 유색인종이라 부를 자격이 있는지에 대해 의문을 제기하고 있다.

이 동시를 읽고 많은 사람이 아프리카 어린이가 말하려고 하는 '인종차별 반대'라는 것에 공감했다. 이 어린이는 어른들이 자신과 같은 흑인(나아가서는 황인도 포함)에게 유색인종이라는 인종차별을 말하는 것을 시를 통해 우회적으로 비판하면서, 더 이상 자라나는 아이들에게 인종차별적인 말을 가르치지 말고 백인·황인·흑인 모두가 평등한 인간임을 가르치라는 메시지를 던지고 있는 것이다.

이 동시가 UN이 선정한 최고의 동시로 선정될 수 있었던 데는 공감이라는 인간만이 할 수 있는 특성을 자극했기 때문이다. 피부색도 다르고, 태어나고 자란 환경이 서로 다른 사람들이 어린이가 쓴 한 편의 동시를 읽고 비슷한 생각을 가지게 된 것은 인간이 공감하는 능력을 가지고 있기 때문이었다. 그래서 이 동시는 여러 언어로 번역되어 소개되었고, 그 속에서 공통되는 문제를 인식할 수 있었던 것이다.

하지만 이 시를 인간이 아닌 다른 동물에게 들려준다면 인간처럼 큰 공감대를 형성할 수 없다. 속담처럼 그저 '쇠귀에 경 읽기'일 뿐이다. 동물은 자신이나 혹은 자신의 새끼가 위협당하지 않는다면 주위 상황에 신경 쓰지 않는다.

아프리카 초원에서 건기 때면 물을 찾아 이동하는 과정에서 동물 무리 중의 몇 마리가 희생당하는 게 비일비재하다. 그렇지만 동물들은 동료의 새끼가 희생당해도 같이 슬퍼하지 않는다. 오직 자신의 새끼가 희생당할 때만 슬퍼한다. 반면에 인간은 주위 사람이 아픔을 당하면 같이 그것을 느낀다. 뉴스를 통해 많은 사람이 희생된 사건을 접하면 그것에 공감하면서 슬픈 감정을 느낀다. 내 가족이나 친한 사람이 희생된 것이 아닌데도 말이다. 우리가 세월호 사건을 접하고 온 국민이 슬픈 감정을 느낀 것도 바로 이런 연유 때문이다.

인간은 이런 공감하는 능력을 가지고 있기 때문에 학문과 사상을 탄생시킬 수 있었다. 고대 그리스에서는 플라톤이 정리한 소크라테스의 사상에 공감했기 때문에 그가 세운 학교 아카데미아에 학생들이 모였고, 나아가 이것이 하나의 사상으로 자리 잡았다. 마찬가지로 동양에서는 공자의 사상에 공감해서 3,000여 명의 제자가 모였고, 유학이라는 하나의 사상을 탄생시킬 수 있었다.

공감하는 것은 역사에서도 가장 중요하게 여겼다. 조선시대에는 역대 왕에 대한 기록을 남겨 그것을 후손에게 전해주는 것에 공감했기에 『조선왕조실록』이 편찬되고 보존되어 오늘날까지 이어져 올 수 있었다. 그리고 셰익스피어의 작품들을 오늘날에도 많은 사람이 읽는 이유는 바로 사람들이 셰익스피어의 작품에 공감했기 때문이다.

인간은 공감하는 능력을 가졌기에 인간만이 가진 특별한 도구인 언어로 이를 표현한 것이다. 그런데 이것을 인공지능에게 적용한다면 결과는 어떻게 나올까?

김광석의 '서른 즈음에'를 인간과 인공지능에게 동시에 들려준다고 하자. 이 노래를 30대 이상의 사람이 들으면 "정말 20대 때가 좋았는데, 그 시절로 돌아가고 싶다"는 공감대를 형성한다. 그리고 또 "30대가 되니까 노랫말처럼 머물러 있는 청춘인 줄 알았는데 그게 아니더라"는 공감대를 형성하기도 한다.

그렇지만 인공지능은 이런 것을 공감하지 못한다. 인공지능은 20대 청춘이 무엇인지 직접 경험해보지 않았기 때문에 이에 대해 설명할 수 없다. 또한 인간처럼 20대와 30대에 느껴지는 육체적, 정신적 변화를 경험하지 못하기 때문에 인공지능은 '서른 즈음에'를 듣고 공감할 수 없는 것이다. 공감하는 것은 직접 경험한다는 것이 전제가 되고, 경험한 것을 실감나게 그대로 표현할 수 있는 인간만이 가능하다. 그래서 많은 학자와 전문가들이 공감하는 능력을 필수로 조언해주는 분야나 심리적 부분이 들어가는 심리상담 분야는 인공지능이 대체하지 못할 것이고, 이런 일자리는 4차 산업혁명시대에도 사라지지 않을 것이라고 예상한다.

4차 산업혁명시대에 많은 일자리를 인공지능이 대신하면서 인간이 할 수 있는 일이 줄어든다는 것은 시대의 흐름이고, 그 속에서 인간은 살아가야 한다. 4차 산업혁명시대에 인간이 인간의 존엄성을 지키면서 살아갈 수 있는 방법은 인간만이 할 수 있는 일을 찾아서 특화시켜야 한다. '넘버 원'이 아니라 '온리 원'을 찾아야 하는 것이다. '넘버 원'은 언젠가 '넘버 투'나 '넘버 쓰리'로 내려갈 수 있지만 '온리 원'은 영원한 '온리 원'이기 때문이다.

인문학은 미래의 길잡이다

The future of artificial intelligence, man is the answer

지난 1990년대 세계화시대를 맞이하면서 우리나라는 "가장 한국적인 것이 가장 세계적인 것이다"라는 슬로건을 내세우며 전통문화 살리기 운동을 전개했다. 세계화시대에 우리나라가 지속적으로 발전하기 위해서는 우리나라만의 특징을 잘 특화시켜 보여주자는 게 목적이었다. 파도처럼 밀려드는 외국의 문물과 문화 속에서 우리의 정체성을 잃지 않고 살아가기 위해서는 우리만이 가지고 있는 것을 특화시켜 나가야 했다. 그래서 필요한 것이 전통문화를 살려서 보존하자는 것이었다.

전통문화를 살려서 보존하려고 한 것은 세계화시대에 우리나라가 세계무대에 내세울 수 있는 그 무언가가 필요했다. 그리고 무언가는 우리만이 가지고 있는 독특한 것이어야 했다. 그 대표적인 것이 서로 돕는 상부상조 정신이었다. 이 정신은 기쁠 때는 기쁨을 서로 나누어 기쁨을 배가 되게 하고, 어려울 때는 슬픔을 나눠가져 그것이 반이 되게 했다. 특히, 어려울 때 십시일반으로 서로 도와주는 것은 상부상조의 백미였다. 우리는 이미 어려움을 겪었을 때 합심하여 어려움을 극복하는 것이 우리가 가진 최고의 문화상품임을 증명한 적이 있었다.

1997년 발생한 외환 위기로 그해 11월에 정부는 IMF(국제통화기금)에 구제 금융을 신청했다. 한 마디로 IMF로부터 돈을 빌린 것이다. 돈을 빌려본 사람은 잘 알겠지만, 돈을 빌릴 때 돈을 빌려준 입장에서는 그냥 빌려주지 않고 이런저런 요구를 한다. 이를테면 지정일자에 원금과 이자를 갚지 않는다면 연체이자를 부과하겠다는 것이다. 이와 마찬가지로 IMF도 우리나라에 돈을 빌려주면서 경제 전반에 대한 간섭을 시작했다. 그 간섭은 전 산업에 걸친 강도 높은 구조조정을 말한다. 이로 인해 많은 사람이 직장을 잃고 노숙자로 전락했다. 대학과 고등학교를 졸업 후에도 일자리를 찾는 것은 하늘의 별 따기만큼 어려웠다. 이런 상황에서 IMF의 간섭을 받지 않는 방법은 단 한 가지 밖에 없었다. 그것은 바로 빌린 돈과 이자를 전부 갚는 것뿐이었다.

이때 우리나라에서 빌린 돈을 갚기 위해 국민들 스스로가 '금 모으기 운동'을 시작했다. 국민들은 자신이 가지고 있던 예물반지, 돌반지, 목걸이 등을 나라 빚을 갚는 데 아무 조건 없이 내놓았다. 금은 가장 수요가 많은 금속이고, 현금화가 가장 쉬운 금속이었다.

금은 국제 금시장에서 1온스 당 몇 달러라는 가격이 정해져 있어서 달러로 쉽게 바꿀 수 있었다. 우리 국민들이 금 모으기 운동을 통해 모은 금은 227톤, 달러로 환산을 하면 약 21억 달러였다. 이것을 바탕으로 우리나라는 전문가들의 예상보다 훨씬 빨리 IMF에 빌린 돈을 갚을 수 있었는지 모른다.

예상 외로 빨리 우리나라가 IMF로부터 빌린 돈을 갚자 전 세계인이 깜짝 놀랐다. 특히 정부의 강요 없이 국민들이 자발적으로, 아무 조건 없이 집안에 보관하고 있는 금을 가지고 나와 나라 빚을 갚는데 내놓은 것을 보고는 더욱 놀랐다. 세계인들이 우리나라 사람들의 이런 모습에 놀란 것은, 그들의 상식으로는 도무지 상상할 수 없었기 때문이다. 금 모으기 운동은 한국인만이 가지고 있는 한국인의 특성이 있었기에 가능했다.

우리나라는 예로부터 향약, 품앗이 등 여러 방법으로 이웃을 서로 도와주는 문화가 전해져 내려와서 오늘에 이르고 있다. 이 때문에 서로 상부상조하는 것은 자연스러운 일이었다. 이것이 가장 잘 나타난 것은 20세기 초 일제에 진 빚을 갚기 위한 '국채보상운동*'에 국민들이 동참했던 것이다. 이런 전통이 있었기에 금 모으기 운동도 자연스럽게 나타난 것이다.

우리 국민들이 보여주는 서로가 서로를 도와주는 문화, 이것은 '가장 한국적인 것'의 전형이고, '가장 한국적인 것이 가장 세계적인 것'이라는 것을 잘 보여준 것이다. 한국적인 것이 세계 최고가 아니라 그 누구도 따라할 수 없는 한국 고유의 것이다. 가장 한국적인 것이 한국 고유의 것이기에 세계무대에서도 빛날 수가 있었다. 세계에서 '온리 원'이기 때문이다.

4차 산업혁명시대에도 지능형 비서, 추천 시스템, 의료 진단이나 법률 서비스 지원(기초 법률자료 조사)이 인공지능으로 대체되면 이전보다 편리한 장점이 있다. 반면에 산업현장에서는 기존에 인간이 하던 일이 인공지능으로 대체되면 실업률이 증가하게 되어 취업난이 가중되는 단점도 있다. 특히 노동 집약적인 산업에서는 더 이상 인간이 설 자리가 없게 될 수 있다. 이런 상황에서 가장 시급한 것은 일자리를 창출해서 실업률을 줄이는 것이다. 그

* 일본이 대한제국을 경제적으로 예속시키고자 제공한 차관 1300만원(현재가치로 환산하면 약 13조원)을 국민들이 갚고자 한 운동으로 김광제, 서상돈 등이 제안하였다. 1907년 2월 경상북도 대구(현재 대구광역시)에서 서상돈, 김광제, 윤필오 등에 의해 처음 시작되어 전국으로 번져나갔다. 그러나 조선통감부(훗날의 조선총독부)의 방해와 베델이 모금액 중 2만원(현재가치로 환산하면 약 200억)을 사적으로 투자했다가 원금을 받지 못하는 일이 발생하면서 운동은 소멸되고 만다. - 자료출처 '위키피디아'

렇지만 더 이상 기존의 산업에서는 인간을 위한 새로운 일자리를 창출하기가 힘들다. 새로운 산업을 육성해서 관련된 일자리를 만들 수밖에 없다. 새로운 산업을 만든다고 해도 그것이 인간이 인공지능과 비교해 월등한 강점을 가지지 않다면 이 또한 머지않아 인공지능에게 일자리를 빼앗길 수밖에 없다. 그래서 새로운 산업을 만들어 육성할 때 가장 중요한 것이 인간만이 가지는 장점, 즉 인간의 '온리 원'이 무엇인지 제대로 파악해야 한다. 인간만이 할 수 있는 것을 찾아 그것을 극대화시킬 수 있어야 한다.

그렇다면 인간만이 가진 강점은 무엇인가? 인간의 가장 큰 특징은 창의력을 가지고 있다는 것이다. 창의력이란 '새로운 것을 생각해내는 능력'이다. 새로운 것을 생각하는 것은 인간만이 할 수 있는 능력이다. 인간이 새로운 것을 생각하고 만들어낼 수 있었던 데는 '끊임없이 사고하는 능력'을 가지고 있기 때문이다. 인간은 사고하는 능력을 가지면서 다른 생물들과는 차별화된 길을 걷기 시작했다.

인간은 어떻게 사고하는 능력을 가지게 되었을까. 인간이 사고하는 능력을 가진 바탕에는 상대적인 기준을 가지고 있는 것을 처리하는 능력을 갖고 있기 때문이다. 상대적인 기준을 가지고 있는 것은 정해진 답이 없고, 주어진 상황에 대한 최선의 해결책만이 존재한다. 이 최선의 해결책을 찾기 위해 인간은 끊임없이 사고할 수밖에 없었다. 예를 들어 법가의 '한비자'는 강력한 법을 통한 지배를 강조했지만, 그 법을 적용하는 범위가 어디까지인지 구체적으로 제시하지 않았다. 그래서 강력한 법을 어디까지 적용할 것인지에 대해서는 인간으로 하여금 끊임없이 생각하면서 찾게 한다.

"1591년 일본에 사신으로 다녀온 김성일이 당파를 초월해 황윤길과 같이 '왜가 쳐들어올 것이다'라는 장계를 올렸다면 어떻게 되었을까?"라는 질문을 던졌을 때 우리는 여러 가지로 생각할 수 있다. 마찬가지로 허균의 『홍길동전』을 읽으면서 "배경이 왜 세종대인지, 나라면 결말을 어떻게 했을까?"에 대한 질문을 던졌을 때도 여러 가지로 생각할 수 있다.

이처럼 상대적인 값을 처리하는 것은 정답을 알려주지 않기에 인간으로 하여금 끊임없이 사고하게 만든다. 이를 통해 우리는 인간만이 가진 독특한 것을 만들어낼 수 있었다. 이 말은 곧 인간은 스스로 사고하는 부분에서는 '온리 원'이라는 것이다. 그래서 인공지능시대에는 인간의 능력이 특화될 수 있는 산업과 일자리를 만들어야 한다.

"가장 한국적인 것이 가장 세계적인 것이다"라는 명제를 인공지능시대에 대비해 본다면 "가장 인간적인 것이 인공지능시대에도 통한다"는 것이다. 가장 인간적인 것이란 바로 스스로 끊임없이 사고하고, 이것을 바탕으로 새로운 것을 만들어내는 능력이다. 인공지능시대에는 인간의 능력을 극대화시킬 수 있는 산업을 만들고 육성해야 한다. 인간의 능력을 극대화하는 것은 끊임없이 사고하고 질문하는 과정이 들어가는 것이다.

여러 전문가들은 인공지능시대에 단순하고 반복성이 높은 직종의 일자리는 축소되고, 창의적·예술적·감성적인 직업의 일자리는 확장될 것이라고 예상한다. 창의적·예술적·감성적인 것은 끊임없이 사고하는 과정에서 나온다.

일론 머스크는 미래를 "컴퓨터, 지능형 기계, 로봇 등이 만드는 자동화가 노동 시장에 막대한 변화를 일으킬 것이다"라고 했다. 이 말은 곧 인공지능으로 인한 자동화로 인해 그동안 인간이 하던 일자리는 줄어들 수밖에 없다는 것이다. 그렇기 때문에 더더욱 인간은 인간만이 할 수 있는 산업과 일자리를 찾아야 한다.

매일경제신문 4차 산업혁명 특별취재팀이 저술한 『스프링클러 이코노미』에서 4차 산업혁명시대에 인간이 나아가야 할 길을 다음과 같이 말하고 있다.

"4차 산업혁명시대에 결국 사람이 할 수 있는 일은 이미 알고 있는 능력에 뛰어들어 기계와 경쟁할 것이 아니라, 기계가 모르고 있는 창조의 영역으로 뛰어들어 스스로의 존재 이유를 찾는 것이다."

이 말은 앞으로 다가 올 미래에 인간의 경쟁 상대는 같은 인간이 아닌 로봇, 정확하게 말해서는 인공지능이라는 것이다. 4차 산업혁명시대에 인간이 시대의 흐름에 맞춰 살아가기 위해서는 인간이 강점을 보이는 창조의 영역에서 일자리를 찾고 자아실현을 해야 한다.

에 필 로 그

미래세대에게 가장 필요한 것은 인문학이다

알파고, 왓슨, 기가 지니, 누구NUGU 등 인공지능 기능이 탑재된 기계가 우리 생활 속으로 속속 들어오고 있다. 인공지능이 우리의 생활 속으로 파고들어오면서 이것이 주는 편리함을 느끼는 것과 동시에 불안감도 증폭되고 있다. 특히 인공지능이 가져다줄 불안감 때문에 앞으로 펼쳐질 미래가 어떨지를 묻는 사람이 늘어나고 있다. 인간은 자신이 겪어본 것만 확실하게 답해 줄 수 있기 때문에, 직접 겪어보지 않은 미래에 대해서 확실하게 말해 주지 못한다. 다만 "인공지능이 시대의 흐름이고, 그것을 거스를 수 없다"는 것만 분명하게 말해 줄 수 있을 뿐이다.

인공지능이 시대의 흐름이기에 인공지능이 기반이 되는 시대가 온다는 것은 분명하고, 인간은 그 시대의 흐름에 맞게 살아가야 한다는 것 또한 분명하다. 이 때문에 많은 사람이 불안감을 느끼는 것이다. 여기에 더해 '인간이 하던 일의 대부분이 인공지능으로 대체하게 될 것'이라는 예상이 나오면서 인간이 할 수 있는 일자리가 줄어들어 생존에 위협을 받을 것이라고 생각한다. 이런 것은 아직 다가오지 않은 미래의 일이지만 이미 인류는 기계로 인한 생존의 위협을 한 차례 경험했기에 더 두려움을 느끼는 것이다. 1차 산업혁명시대에 기계가 인간이 하던 일을 대신하면서 인간은 생존의 위협을 느꼈는데, 이것이 기계가 인공지능으로 바뀌었을 뿐 상황이 그때와 비슷하기 때문이다.

인류는 18세기 산업혁명 때만 생존의 위협을 느낀 것이 아니다. 그 이전에도 생존의 위협을 느꼈던 적이 있었다. 인간이 아무런 도구 없이 아프리카 초원에 던져졌다고 가정하면 맨몸으로 맞서서 이길 수 있는 동물이 얼마나 될까? 또, 굶주린 육식동물에게 포착되었을 때 그들의 추격을 물리치고 얼마나 도망갈 수 있을까? 아마도 거의 살아남기 불가능할 것이다. 100m 달리기로 하면 치타뿐만 아니라 다른 육식동물에게도 이길 수 없다. 그렇다고 인간은 초식동물과 비교해서 지구력이 뛰어난 것도 아니다. 이런 점에서 인간은 맨몸으로 다른 동물에게 맞선다면 생존의 위협을 받을 수밖에 없다. 초기의 인류가 바로 그랬던 것이다.

그래서 인류가 생존의 위협에서 벗어나고자 생각한 것이 불을 다루고 도구를 만들어서 사용하는 것이었다. 인간을 제외한 다른 동물들은 불을 보면 두려워한다. 그리고 인간을 제외한 다른 동물들은 스스로 도구를 만들어 사용하지 못한다. 인간은 불을 다루고 도구를 만들어 사용하기 시작하면서 다른 동물로부터 생존의 위협을 줄일 수 있게 되었다.

초기 인류에게 불을 다루고 스스로 도구를 만들어 사용하는 것이 '온리 원' 아이템이었다면, 1차 산업혁명시대로부터 현재까지 이어져 온 '온리 원' 아이템은 교육·의료·복지 등의 서비스 분야이다. 이러한 분야는 기계가 할 수 없고 오직 인간만이 할 수 있는 분야이다. 인간은 이 시기에 서비스 분야를 특화시켜 생존할 수 있었던 것이다.

역사학자 E. H. 카는 『역사란 무엇인가』에서 "역사는 과거와 현재의 끊임없는 대화다"라고 말했다. E. H. 카의 말처럼 과거와 현재를 대화해 본다면 인간은 '인간만이 할 수 있는 것'을 특화시켜 생존을 위협을 극복해왔고, 인공지능이 보편화되는 미래에도 이렇게 극복할 수 있을 것이라고 생각한다. 인공지능이 보편화되는 시대에 인류가 생존의 위협을 극복하기 위해서는 이 시대에 맞는 '온리 원' 아이템을 찾아 특화시켜야 한다.

인공지능이 보편화되는 시대에는 운전, 청소 같은 육체노동과 외과의사가 하는 수술 같은 분야는 더 이상 인간만의 전유물이 아니다. 이것은 인간만의 '온리 원'이 아니라 '넘버 원'이기 때문이다. '온리 원'은 그 자체로 대체가 불가능해서 '온리 투'나 '온리 쓰리'가 존재하지 않는다. '한 번 온리 원은 영원한 온리 원'인 것이다. 그래서 '온리 원'은 그 누구도 흉내 낼 수가 없다.

우리가 IT기업 애플을 '넘버 원'이 아닌 '온리 원'이라고 부르는 이유는 그 어떤 기업도 애플을 흉내 낼 수 없는 그들만의 아이템을 가지고 있기 때문이다. 애플은 애플만의 아이템이 있었기에 생존할 수 있었다.

인공지능이 보편화되는 시대에 인류가 생존하기 위해서는 '온리 원' 아이템을 찾아서 특화시켜야 한다. 인간에게 '온리 원' 아이템은 바로 인간의 특성에 바탕을 둔 것이다. 우리는 인간의 고유한 특성을 바탕으로 미래를 살아갈 수 있는 강력한 아이템을 만들어야 한다.